진짜 일본은 요괴문화 속에 있다

류정훈·김성은·김미옥
김학순·박희영

도서출판 시간의물레

더 파울린 프로젝트 1

진짜 일본은 요괴문화 속에 있다

류정훈·김성은·김미옥·김학순·박희영

시간의물레

Prologue

– 류정훈 –

요괴는 끊임없이 변화한다. 개개인의 마음속에서, 유구한 역사와 시대 속에서 그렇다. 어릴 적 막연한 공포의 대상이던 요괴가 점점 유희의 대상으로 변모하다 청년기에는 오래전 향수를 자극하는 매개체가 되었다. 전근대에 이해할 수 없는 현상의 근원으로 여겨지던 요괴가 근대에 미신으로 치부되어 박멸되는가 싶더니 현대에 이르러 전통을 상징하는가 하면 어느새 21세기 문화콘텐츠의 선봉으로 활약하고 있다. 요괴는 미신이자 무서운 대상이면서 동시에 최첨단이고 귀여운 대상이기도 하다.

이 책은 이처럼 다채로운 요괴들의 모습과 아울러 그에 파생되는 요괴문화라는 현상을 동시대적 관점에서 파악하기 위해 기획되었으며, 전근대, 근대, 현대를 모두 아우르기 위해 요괴학의 역사부터 게임 산업에 소비되는 요괴들까지 다양한 분야를 다룬다. 우선 요괴와 요괴문화의 역사를 대략적으로 기술하고 문학과 회화 등에서 변용되는 요괴의 이미지에 대해 심도있게 알아본다. 그리고 현대 사회에서 요괴가 문화콘텐츠 속 캐릭터로 중요하게 자리매김하는 배경을 살펴보고 그 효과와 전망에 대해서도 고찰해 본다.

최근 국내에서도 일본 요괴에 대한 관심이 높다. 특히 〈요괴워치〉나 〈포켓몬GO〉가 큰 인기를 끌면서 요괴가 경제적 부가가치를 가진 새로운 시대를 이끌어갈 중요한 문화콘텐츠로 자리매김하고 있다. 〈신비아파트〉가 한국 전통의 해원 귀신담을 바탕으로 〈요괴워치〉의 요소를 가미해 큰 성공을 거두었고, 〈요괴 메카드〉는 국내 캐릭터 산업으로서 요괴를 적극적으로 활용할 수 있는 방법을 제시하고 있다.

이 책을 읽는 독자들이 현대적 관점에서 요괴를 이해하고, 인문학적 상상력으로 요괴의 새로운 가능성에 대해서도 생각할 수 있는 계기가 되길 바란다. 요괴는 끊임없이 변하고 있으며, 변화시키는 주체는 요괴를 생산하고 소비하는 우리들이다.

책을 기획하며

일본정부관광국(JNTO)에 따르면 2017년 한국인 방일 여행객 수가 사상 처음으로 700만을 돌파했다고 한다. 한국인 방일 여행객 수는 2009년 2월 추계치인 106,900명에서 꾸준히 증가하여, 2016년에는 5,090,300명, 2017년에는 약 200만 명(40.3%)이 늘어난 7,140,200명으로 최근 오사카(大阪), 홋카이도(北海道) 지역의 지진과 폭우의 여파로 방일 여행객 수는 잠시 주춤해 보이지만, 한국인 방일 여행객 수는 여전히 세계 1순위를 지키고 있다.

특히 요즘 들어 10대 청소년들의 모습도 심심찮게 보인다. 그들이 주로 찾는 곳은 SNS 등에 소개된 유명 맛집과 그들의 문화인 전자 게임과 애니메이션 캐릭터 상품들이 즐비한 상점가 등 그들이 찾는 곳은 실로 다양하다. 한 해 약 700만에 육박하는 한국인 여행객이 국내 여행만큼이나 부담 없이 일본을 찾고, 일본을 소비하고 있다.

우리가 소비하는 일본, 그리고 일본문화의 현재를 이해한다는 것은 그 본질이 되는 과거와 미래로 이어지는 발전 과정을 통한 명확한 분석이 뒷받침 되어야 한다. 지금까지의 일본문화는 일부 연구자들만을 위한 것이었고, 대다수의 대중들은 접할 기회가 그리 많지 않았다. 이 책 발간의 이유는 바로 여기에 있다.

고려대학교 대학원 일어일문학과 출신으로 구성된 일본문화연구회는 그동안 이웃 나라 일본을 제대로 파악하기 위해, 현재 가장 시의성 있는 이슈에서부터 특별히 문제 삼을 일도 없었던 작은 문화 코드에 이르기까지 일본을 관통하고 있는 모든 코드를 망라하여 정기적으로 발표와 토론을 진행해 왔다. 현재 각 대학에서 열정적으로 활동 중인 11명의 일본 전공자가 일본 내중문화에 관한 최근의 문제점을 인식하고, 일본문화에 대한 정확한 지식과 냉철한 통찰력을 바탕으로 각자의 학문적 차원에서 다양한 접근과 관심들을 피로하였다.

이 책은 1권『진짜 일본은 요괴문화 속에 있다』, 2권『일본 요괴문화 상품이 되다』로 구성되었다. 1, 2권 순서대로 읽을 필요가 없으며, 독자는 자신의 관심에 따라 선택하여 읽을 수 있다. 특히 이번 편집 기획은 일본 요괴문화의 역사적 전개와 상품화의 과정들을 살펴보면서, 일본 요괴문화의 저변에는 그들만이 가능한 것, 그들이기 때문에 가질 수밖에 없었던 일본문화의 조각들을 발견하고자 하였다. 우리는 그것들의 의미를 되짚어보고 우리가 그동안 가져왔던 일본문화에 대한 수용, 혹은 굴절되어 온 인식에 대해 다시 정리해보는 시간을 갖고자 했다.

이 책을 기획하며 우리는 전국시대에 편찬된『손자병법』모공편(謀攻篇)에 기록되어 있는 '지피지기(知彼知己) 백전불태(百戰不殆)' 즉, 적과 아군의 실정을 잘 비교 검토한 후, 승산이 있을 때 싸운다면 백 번을 싸워도 절대 위태롭지 않다는 명언과 함께, 45전 무패의 전쟁 신화를 남긴 영웅 충무공 이순신 장군의 '지피지기(知己知彼) 백전백승(百戰百勝)'이라는 기록을 기억한다.

오랜 전란으로 국가의 존망이 위협받고 있을 때 이순신 장군은『난중일기』〈갑오일기〉말미에 '知己不知彼 一勝一負 不己不知彼 每戰必敗 此萬古不易之論' 즉, '나를 알고 적을 알면 백 번을 싸워도 다 이길 것이요. 나를 알고 적을 모르면 1승 1패요. 나를 모르고 적도 모르면 매번 반드시 패하게 되니 이것이 만고의 변함없는 이치'라며 우리에게 눈물로 당부한 선인의 가르침을 본받아, 우리에게 '앎'이 얼마나 중요하며 살아가는 처세가 되는지를 가슴 깊이 되새겨 본다.

최근 세상은 급변하고 있다. 역사상 최대의 비극인 제2차 세계대전 종전으로부터 어언 70년이 지났고, 전 세계에서 유일한 분단국이었던 남한과 북한도 2018년 9월 19일 평양 공동 선언문을 통해 '암묵적 종전 선언'이 합의되었다. 더 이상의 세계대전의 위협은 제거된 듯하다.

'지구촌'이라는 단어가 일상어가 되어버린 지금, 세계는 그 어느 때보다 가까워졌으며, 낯선 사상과 입장은 서로의 벽과 경계를 허물고 인간이라는 종이 함께 살아가는 하나의 공간으로 인식하게 되었다. 그러나 여전히 현실은 국가나 민족 단위로 움직이고 있으며 각 지역 간의 문화는 때로는 첨예하게 대립하거나, 혹은 연합하면서 긴밀한 관계를 지속하고 있다. 문화의 속성이 그러하듯 다양한 문화가 공존하는 지구촌의 문화는 동질성이 있으니 상대적으로 이질성도 있기 마련이다. 문화의 다양성을 객관적으로 이해하기 위해서는 왜곡과 편협이 재단된 올바른 '앎'이 바탕이 되어야 할 것이다. 이를 위한 첫걸음으로 더 파울린 프로젝트 1, 2권이 출간되었고, 이후에도 우리의 걸음은 계속될 것이다.

책이 나오기까지 많은 분들이 도움을 주셨다. 그림 자료 게재를 허락하여 주신 국제일본문화연구센터(国際日本文化研究センター)와 좋은 책을 만들기 위해 애써 주신 시간의물레 대표님과 편집부 여러분께 감사 말씀 드린다. 그 외에도 격려와 도움을 주신 많은 분이 계시지만 일일이 존함을 밝히지 못하여 죄송스러운 마음이다. 이후에 크게 보답할 날을 기대하며 깊은 감사의 인사를 드린다.

2018년을 마무리하며
편집기획사 김진영

ConTents

◆ Prologue (4)
◆ 책을 기획하며 (7)

1. 일본 요괴학의 역사
- 포켓몬과 요괴 (14)
- 메이지의 요괴박사 이노우에 엔료 (17)
- 엔료 요괴학의 해체 (22)
- 야나기타 구니오의 요괴학 (26)

2. 요괴문화 속에 담긴 일본인의 종교성
- 신(神)들이 많은 나라 일본 (34)
- 일본 고대의 자연종교: 인간다운 가미(神)들 (38)
- 일본 중세의 불교: 오니(鬼)의 시대 (44)
- 일본 근세의 현세주의: 오락 대상으로서의 요괴 (49)
- 오락의 대상이 된 요괴 (55)
- 문화컨텐츠의 잠재력: 전통과 근현대 문화의 공존 (59)

3. 일본 문학 속 요괴 문학의 역사 - 여우 요괴, 구미호(九尾狐)를 중심으로
- 일본삼대악귀(日本三代惡鬼), 하쿠멘콘모큐비노 기츠네(白面金毛九尾の狐) (67)
- 인간을 사랑하다, 구즈노하(葛の葉) (77)
- 여우 요괴, 신앙(信仰)이 되다 (83)

4. 요괴의 시각 문화와 현대적 이미지 산업
- 요괴와 여행을 떠나자 (90)
- 일본인에게 요괴란 (93)
- 에마키(絵卷)와 기뵤시(黃表紙) 속 요괴 (97)
- 갓파(河童)와 이미지 산업 (107)
- 요괴 사냥과 문화 산업 (113)

5. 문화콘텐츠로서 요괴의 가능성과 한계
- 요괴와의 공존의 시대 (122)
- 일본문화콘텐츠의 현재와 활용방안 (126)
- 요괴와 일본인과의 공존방식 - '백귀야행'을 중심으로 (132)
- 설화와 모노가타리(物語), 에마키(絵卷) 속 '백귀야행' (139)
- 현대 일본문화 속의 '백귀야행' 이미지 (145)
- 문화콘텐츠로서 요괴의 올바른 활용 (150)

◆ Epilogue (154)

*일러두기

게임과 영화 제목은 〈 〉, 책 제목은 『 』, 논문 제목은 「 」로 표기했습니다.

1. 일본 요괴학의 역사

류정훈

포켓몬과 요괴

포켓몬이 새삼 화제다. 1996년 게임으로 발매된 이래 선풍적인 인기를 끌며 만화, 애니메이션 등으로도 제작된 〈포켓몬스터〉 시리즈는 〈요괴워치〉가 인기몰이를 하면서 비교적 예전의 명성을 잃어가는 추세였다. 2015년까지만 해도 요괴워치가 포켓몬의 아성을 무너뜨리는 것이 아닌가 하는 기사가 일본 현지를 비롯해 한국에서도 종종 보이던 참이었다.[1]

하지만 〈포켓몬GO〉가 출시되면서 이런 말들이 사라져 버렸다. 포켓몬GO는 성인들을 위한 게임이고 어린이를 대상으로 한 콘텐츠로는 여전히 요괴워치가 우위에 있다고 지적할 수 있겠지만, 포켓몬GO의 전 세계적 인기를 감안하면 당분간 요괴워치가 포켓몬을 뛰어넘었다는 말은 좀처럼 나오기 힘들 것이다.

〈포켓몬〉과 〈요괴워치〉는 둘 다 일본의 요괴문화를 베이스로 한다는 점에서 흥미롭다. 지박령(地縛靈)이 지바냥(ジバニャン)으로 등장하는 요괴워치는 말할 것도 없이, 포켓몬에서도 일본의 요괴문화를 찾는 것은 어렵지 않다. 포켓몬의 기원이 요괴라기보다는 곤충이나 동물에 있다는 지적도 있지만, 나인테일(구미호), 로파파(갓파), 눈여아(유키온나), 잎새코(덴구), 입치트(후타구치온나)와 같은 캐릭터들은 포켓몬의 상당수가 일본의 전통 요괴에서 모티브를 따왔음을 증명하고 있다.

〈포켓몬GO〉의 열풍이 한국에 찾아오자 포켓몬 캐릭터가 지닌 경제적 효과에 주목해 포켓몬 캐릭터의 근원에 대해 궁금해 하는 시선이 생겼다.

예컨대 2016년 7월 28일 《조선일보》에는 '포켓몬 신화 뒤엔… 일본의 100년 요괴學'[2]이라는 기사가 실렸다. 52조 원이나 되는 경제적 효과를 거둔 일본의 포켓몬 캐릭터가 일본 전통 요괴에서 왔다는 점을 전제로 한국과 달리 요괴에 대한 인문학적 토대가 마련된 일본의 특성을 지적한 기사다. 이 기사가 나온 다음날인 29일에도 《조선일보》는 〈만물상〉이라는 코너를 통해 일본의 요괴학을 소개했다.

일본 요괴는 전통 종교관의 산물이다. 그래서 민속학자와 철학자들이 주목했다. 백 년 전 전국 2,831곳을 돌아 요괴 설화를 집대성한 '이노우에 엔료'는 당대의 철학자였으며, 뒤에 바통은 일본 민속학의 거두인 '야나기타 구니오'가

이어받았다. 그들이 정리한 일본 요괴가 대중에게 파고든 것은 '미즈키 시게루'라는 만화가 덕분이었다. 1960년대부터 시작한 〈게게게의 키타로〉 시리즈로 학문과 기담(奇談) 속 일본 요괴를 대중 곁으로 끌어냈다. 그의 고향 돗토리현 사카이미나토 중심가엔 그가 창조한 150개 요괴상이 늘어서 있다. 거리 이름은 '미즈키 시게루 로드'. 52조 원을 벌었다는 〈포켓몬〉의 귀여운 요괴 캐릭터의 뿌리도 이곳이다.[3)]

짧은 글이지만 일본 요괴학의 전통을 이노우에 엔료, 야나기타 구니오, 미즈키 시게루로 잇고, 이 토대 위에서 포켓몬이라는 요괴 캐릭터가 탄생했다는 점을 지적하고 싶다. 필자는 글의 말미에 현재의 포켓몬 열풍 탓에 한국판 요괴학을 육성하자고 하면 곤란하다고 말했다. 일본에서 포켓몬을 탄생시킨 요괴학의 토대가 결코 단기간에 육성되는 것이 아니라는 점을 강조하기 위한 것이다.

일본 요괴학의 역사는 길다. 메이지유신 이후 일본이 근대로 들어서면서 일본 요괴학의 역사도 같이 시작되었다고 보는 것이 정설이다. 요괴학이라는 학문이 성립되기 이전 에도시대부터 수많은 요괴 관련 소설, 연극, 그림 등이 생산되고 변용되어 온 것을 감안하면 문화로서 요괴를 향유한 역사는 한층 더 길어질 것이다.

여기서는 간략하게나마 일본 요괴학의 역사를 다룰 것이다. 〈포켓몬〉이 요괴 캐릭터의 일종이고 포켓몬 신드롬의 토대가 되는 것이 유구한 일본 요괴학의 전통이라 한다면, 새삼 불어닥친 포켓몬 열풍을 이해하기 위해 일본 요괴학의 역사를 제시할 필요가 있다고 여기기 때문이다.

메이지의 요괴박사 이노우에 엔료

'이노우에 엔료(井上円了, 1858~1919)'는 일본에서 최초로 요괴학(妖怪学)이라는 용어를 정립해 세상에 알린 인물이다. 요괴박사(妖怪博士)라는 별명이 널리 알려진 탓에, 그를 단순한 요괴연구가, 요즘으로 말하면 요괴에 관심이 많은 오타쿠라고 오해하는 경우도 있는데 실상은 정반대에 가깝다.

엔료는 도쿄 제국대학을 졸업한 엘리트였으며, 동양대학(東洋大学)을 창립한 교육자, 철학회와 철학관 등을 창설한 철학자, 불교개량운동을 벌인 불교운동가였다. 엔료가 요괴학이라는 학문을 제창하게 된 계기도 요괴에 대한 개인적 관심보다는 교육자, 철학자로서의 당위에서 기인한 바가 크다. 엔료는 철학자로서 근대이성의 힘을 믿었고, 교육자로서 근대합리주의의 기틀을 일반에 뿌리내리려 했으며,

종래에 전근대적이라 비판 받아온 불교를 근대합리주의에 기반한 새로운 종교로 탈바꿈시키려 했다. 요컨대 메이지라는 근대개화의 격동기에 누구보다 문명개화에 앞장선 인물이 '이노우에 엔료'이다. 말이다.

문명개화를 통해 일본, 일본인의 근대화를 꿈꾼 그가 가장 먼저 한 일은 장애물을 제거하는 일이었다. 문명개화에 방해가 되는 전근대적인 요소들을 엔료는 미신이라 부르고 배척했으며 박멸해야 하는 대상으로 보았다. 그리고 그 모두를 통틀어 '요괴'라 지칭하고 미신과 전근대적 사고를 박멸하기 위한 도구로 '요괴학'이라는 학문을 제창했다.

엔료가 요괴에 대해 본격적인 연구를 시작한 것은 28세가 되던 1886년에 불가사의 연구회(不思議研究会)를 조직하면서부터이다. 다음 해인 1887년에는 이 연구의 결과물로 『요괴현담(妖怪玄談)』을 출판하게 되는데, 이 책 서두에서 엔료는 요괴를 다음과 같이 정의하고 있다.

> 동서고금을 막론하고 우주물심(宇宙物心)의 제상(諸象) 중에 보통의 도리로는 해석할 수 없는 것들이 있다. 이것을 요괴라고도 하고 혹은 불가사의라고도 칭한다.

엔료는 상식적으로는 '해석할 수 없는 것'을 요괴라 규정했고, 이에 대한 '해석'을 요괴학이라 불렀다. 예컨대 갑자

기 이웃집 사람이 미친 듯이 날뛴다면 그 모습을 보고 사람들은 귀신이 들린 모양이라고 생각한다. '보통의 도리'로는 그 사람의 행동을 이해할 수 없기 때문이다. 뭔가 괴이한 일이 생겼으리라 짐작한 사람들은 상상력을 증폭시켜 요괴라는 해석의 딱지를 붙인다. 엔료는 이 해석의 딱지를 근대 이성이라는 이름으로 바꿔 달고자 했다. 엔료를 비롯해 당시에 문명개화를 주장하던 사람들의 입장에서 사람이 미친다는 것은 결코 이해할 수 없는 괴이한 현상이 아니었다. 사람이 미친다는 것은 정신병리학으로 충분히 설명이 가능하다고 여겨졌고, 일본에서는 그전까지 '여우에게 홀렸다(狐憑き)'거나 '신이 들렸다(神憑き)'고 일컫던 모든 현상을 이제 '신경병(神経病)'이라는 용어로 설명하기 시작했다.

비슷한 시기에 인기를 끌어 신문에 속기본으로 연재된 라쿠고(落語) 작품 중에 '산유테이 엔초(三遊亭円朝)'의 〈신케이 카사네가후치(真景累ヶ淵)〉라는 것이 있는데, 이런 당대의 분위기를 잘 전달해 주고 있다. 여기서 '신케이(真景)'는 곧 '신케이(神経)'를 의미하는 것으로 볼 수 있는데, 이야기의 서두에서 엔초는 신경에 대해 다음과 같이 설명하고 있다.

> 지금부터 괴담 이야기를 말씀드리겠는데, 괴담이야기라는 게 최근에는 크게 쇠퇴해서 무대에서 이런 이야기를 하는 사람이 없습니다. 왜냐 하니 유령이라는 건 없다. 모두 다 신경병이다라는

식으로 치부되기 때문입니다. 괴담은 개화선생님들이 싫어하시는 모양입니다. (중략) 여우에게 홀린다는 건 있을 수 없는 일이니 신경병, 또 덴구(역자 주: 까마귀의 모습을 한 일본의 요괴)에게 납치를 당한다는 것도 말이 안 되니 역시 신경병, 이렇게 뭐든지 무서운 것은 전부 신경병으로 몰아세우고 있습니다. 현재 머리가 깨친 훌륭한 분으로 유령이란 필시 존재하지 않는 것이라 생각하는 분이라도 눈앞에 이상한 게 나타나면 앗! 하고 엉덩방아를 찧는 경우가 있는데, 이것도 역시 신경이 좀 문제가 있어 그런 거겠지요.

엔초는 여기에 다소 비꼬는 듯한 어투로 말을 보태고 있지만, 아무래도 당시에는 요괴, 유령, 괴담에 대해 신경병이라는 합리적 원인을 도출해 나가는 엔료의 입장이 주류였음에는 틀림없어 보인다.

엔료는 현대 일본에서 요괴 캐릭터로 큰 인기를 끌고 있는 '갓파(河童)'에 대해서도 요괴학의 입장에서 합리적인 설명을 부여하려 했다. 예컨대 이런 식이다. 고대 일본에 '갓파'에 대한 전설이 각지에 있었고 사람들이 이 전설을 서로 이야기하는 와중에 어느새 '갓파'라는 요괴가 존재하는 것으로 각인되고 말았다. 그렇게 사람들의 마음속에 '갓파'라는 존재가 자리 잡으면서 이후로는 물속에 뭔가 이상한 것이 있으면 다 '갓파'라고 생각했다. 그러나 개화사상이 전파되면서 '갓파'에 대한 믿음과 '갓파' 전설이 쇠퇴하여 '갓파' 전설은 고대 미개인의 망상에 지나지 않는다는 것이다.

　이렇게 전근대적인 요괴, 유령, 괴담 같은 것의 박멸을 시도한 엔료의 연구는 오히려 현재의 일본 요괴학과는 거리가 있어 보이는 것도 사실이다. 하지만 엔료의 연구가 유의미한 것은 당시 일본 전국에 떠돌아다니던 미신, 괴담, 유령담, 신비담 등을 직접 답사해 채록했다는 점에 있다. 비록 그 방향성은 다르다 할지라도 현대 일본의 요괴학의 근간을 이루는 기초 자료를 수집하고 정비한 공로는 높게 평가해 마땅하다. 그렇기에 요괴를 박멸하려 했던 이노우에 엔료가 지금까지도 일본 요괴학의 선구자라는 칭호를 얻을 수 있는 것이다.

　엔료의 요괴학 연구는 2,000페이지에 달하는 『요괴학강의(妖怪学講義)』가 1896년에 출판됨으로써 어느 정도 결실을 맺었다. 당대에 이 책에 대한 평가는 대부분 우호적이었는데, 대체로 민간의 전근대적 의식을 타파하고 문명개화로 이끌었다는 평가가 많았다. 메이지 천황(明治天皇)도 이 책을 애독했다고 하니 당시에 어느 정도 인기가 있었는지 미루어 짐작할 만하다.

　이후로 엔료는 전국 각지를 순회하며 미신타파와 요괴박멸에 더욱 진력했다. 무려 14년간 5,291회의 순회강연을 다닌 엔료는 1919년 중국 다롄(大連)에서 강연 도중 정신을 잃고 쓰러져 급사하고 말았다. 일본에서 '요괴박사'의 죽음을 애도한 것은 물론이거니와 《뉴욕타임즈》에서도 'The Ghost Doctor'의 죽음을 기사로 알렸다는 사실은 그의 연구가 어느 정도 주목을 받고 있었는지를 알려주고 있다. 현재에도 엔료의 연구는 『이노우에 엔료 요괴학전집(井上円了妖怪学全集)』으로 묶여 일반에 공개되고 있으며, 많은 요괴 연구가들의 기초적인 문헌으로 활용되고 있다.

엔료 요괴학의 해체

　미신박멸, 요괴배척을 주창한 엔료의 요괴학이 세간의 주목을 받던 시대가 메이지라면, 다이쇼 시대는 엔료가 창시한 요괴학이 해체되어 가는 시기라 할 수 있다. 청일전쟁과 러일전쟁을 겪으면서 대량의 죽음을 목도한 일본 사회는 죽은 이들의 영혼을 어떻게 처리할 것인가 하는 문제에 직면했다. 요괴학도 이제는 전쟁 이후에 나타나는 기이한 현상들, 예컨대 아들이 전쟁에서 죽은 날 집에 모시던 신패가 떨어지고 집이 흔들렸다는 등의 이야기들을 무시하기는 힘들었다. 합리적인 이유로 설명하려는 근대이성의 큰 축은 흔들리지 않았지만, 그런 현상 자체를 아예 없었던 일로 치부하기에는 부담이 있었는지도 모른다. 이제는 그런 기이한 현상들이 세상에 존재한다는 사실을 인정하고 그에 합당한 이유를 찾는 방식으로 방향을 선회하게 된다.

1908년에 '히라이 긴자(平井金三, 1859~1916)'에 의해 설립된 '유령연구회(幽靈硏究會)'가 대표적인 예다. 긴자는 괴이한 현상을 일으키는 심령이나 정령, 유령 등을 진지하게 학문의 대상으로 연구해야 한다고 보았다. 근대종교사 연구자이며 영문학자이기도 했던 긴자는 자신의 학문적 뿌리가 서구에 있는 것과 달리 반기독교의 입장에서 불교부흥운동에 앞장섰다. 불교부흥이라는 부분은 엔료와도 공통되는 부분이다. 하지만 엔료와 달리 긴자가 괴이 현상 자체를 인정하고 주목한 데에는 역시 그가 지닌 영문학자라는 이력과 관련이 있어 보인다.

당시 서구에는 영국의 캠브리지 대학을 중심으로 SPR(The Society for Psychical Research)이라는 단체가 있었다. 통상 '심령연구학회'로 번역되는 이 단체의 목적은 영혼의 존재를 과학적으로 입증하는 데 있었다. 단 하나의 괴이한 현상, 유령 현상을 과학적으로 입증해 세상에 영혼이 존재한다는 사실을 알리려 했던 것이다. 영문학자이기도 했던 긴자가 SPR의 존재를 잘 알고 있었으리라는 것은 쉽게 짐작할 수 있다. 또한 긴자가 '유령연구회'를 통해 언구했던 일이

SPR의 그것과 동일하다는 점을 보아 분명 긴자의 활동은 SPR의 영향에서 촉발한 것으로 파악된다.

그리고 '유령연구회'가 발족된 다음해인 1909년 공포영화 〈링〉의 모티브가 되기도 했던 '천리안 사건(千里眼事件)'이 발생한다. 천리안 사건이란 당시 투시능력과 염사 등으로 세간의 주목을 받던 '후나바시 치즈코(船橋千鶴子)'라는 인물의 능력을 검증하려 했던 사건이다. 교토 제국대학의 부총장이기도 했던 '기노시타 히로지(木下広次)'의 병환을 염사를 통해 치료했다는 사실이 신문에 보도되면서, 도쿄 제국대학과 교토 제국대학의 과학자들이 그녀의 능력을 공개적으로 검증하려 했다. 공개 검증은 끝내 실패했고 실험의 당사자였던 치즈코는 자살을 선택하고 말았지만, 이 사건을 통해 당시 일본 사회가 괴이현상을 미신으로 치부하기 보다는 과학적 사실로 접근했다는 점을 알 수 있다. 모든 괴이현상을 요괴라 명명하고 그 박멸을 주창한 엔료의 입장이 서서히 힘을 잃고 서구를 기점으로 탄생한 새로운 요괴학의 흐름이 일본에도 영향을 미친 결과라 할 것이다.

일본 최고의 문호라 불리는 '나쓰메 소세키(夏目漱石)'도 1905년에 이와 관련한 소설을 발표한 적이 있다. 『고토노소라네(琴のそら音)』라는 작품인데, 여기서 주인공 '나'는 지인을 통해 기이한 이야기를 듣게 된다. 병으로 세상을 뜬 한 여인의 영혼이 러일전쟁에 참전해 만주에 있는 남편 앞에

나타났다는 이야기이다. 지인은 이야기를 들려주면서 영국에서도 이와 비슷한 사례가 있다는 사실과 함께 요즘에는 이런 현상을 과학적으로 증명하려는 연구가 진행되고 있다고 알려 준다. 전근대적인 미신이라 치부해 왔던 요괴와 유령 등이 과학의 힘을 빌려 다시금 시민권을 획득하고 있는 사실에 놀란 '나'는 결국 자신의 무지를 탓하며 점점 근대인으로서 자신의 정체성에 혼란을 겪게 된다.

엔료가 창시한 일본의 요괴학은 엔료 자신의 요괴학이 해체되는 방향으로 발전해 갔다. 일본의 요괴, 괴담 연구가 '이치야나기 히로타카(一柳廣孝)'는 이를 두고 엔료 프레임에서 서양의 과학적 심령연구를 바탕으로 한 히라이 프레임으로 당대의 인식이 이행되었다고 평가하기도 했다. 일본 요괴학의 첫 번째 전환점인 셈이다. 그런데 이 프레임의 변화가 앞서 언급한 SPR의 활동과 같은 서양의 영향을 크게 받았다는 사실에 주목할 필요가 있다. 따지고 보면 엔료의 요괴학이란 것도 사실 서구의 근대이성, 합리주의에서 촉발된 것이나 마찬가지다. 하지만 이후 일본의 요괴학은 한 인물의 출현으로 또 다른 전환점을 맞이하게 된다. 바로 '야나기타 구니오(柳田國男)'다.

야나기타 구니오의
요괴학

　일본 민속학의 창시자이기도 한 야나기타 구니오는 일본 요괴학의 변천에도 큰 족적을 남겼다. 우선 야나기타 구니오는 요괴를 미신이라거나 박멸해야 할 대상으로 인식하지 않았다. 이노우에 엔료에게 요괴박멸이 인간을 '인간적'으로 만들고 행복하게 만들 필요조건이었다면, 야나기타 구니오의 경우는 '인간적', 혹은 '행복'이라는 가치관점에 앞서 '인간이해'의 한 축으로 요괴를 바라보았다. 인간이 일상생활 속에서 실제로 믿고 있는, 혹은 믿어 왔던 요괴와 그 사회적 배경을 조사해, 그 기능 등을 파악하고자 했던 것이다. 또한 민간의 요괴전승을 채집하고 그 분포부터 요괴신앙의 변천 과정을 복원하기도 했는데, 이는 고마쓰 가즈히코가 명명한 바와 같이 '사회학적 요괴학', '민속학적 요괴학'이라 할 수 있다.

　민속학자로서 야나기타는 민속학의 일환으로서 요괴학의 필요성을 깊이 인식하면서 지금까지 문제가 되었던 것들, 예컨대 요괴나 괴이현상이라는 것이 미신인지 아니면 과학으로 해석가능한 현상인지에 대한 질문들에서 조금은 벗어나있는 입장을 취하고 있다. 1936년에 발표한 『요괴담의(妖怪談義)』에서 야나기타는 "(요괴가)있든지 없든지 그런 건 이제 문제가 아니다. 옛날엔 누가 뭐라 하든 요괴가 있다고 믿는 사람이 많았고 지금 현재에도 있는 이유를 모르기 때문에 우리가 곤란을 겪을 뿐이다."라고 밝히고 있다. 요괴의 존재유무는 더 이상 문제로 삼을 것이 아니다. 문제가 되는 것은 요괴가 존재한다고 믿는 사람들이 먼 옛날부터 지금에 이르기까지 우리 주변에 있다는 사실이다. 요괴의 존재를 물을 것이 아니라 요괴를 믿는 사람들의 존재에 신경을 쓰자는 말이다.

　그래서 야나기타의 요괴학은 엔료의 요괴학은 물론이거니와 엔료의 입장과 정반대에 선 긴자의 요괴학과도 맥을 달리하는 측면이 있다. 야나기타는 배제되고 박멸되어 가는 요괴를 과학의 힘으로 소생시키기 보다는 그 자체를 민속학의 분야로 흡수하는 방향으로 나아갔다. 그리고 그 과정에서 요괴학의 이론적 근거를 축적했는데, 이는 현상을 과학적으로 증명하기 위한 이론이 아니라 일반인의 상상력을 인문학이라는 척도로 가늠하기 위한 것이었다. 비록 치밀하게 세분화하고 엄밀히 검증된 이론은 아니라 할지라도, 야나기타가 요괴학, 특히 인문학을 토대로 하는 요괴학의 가장 기초적인 이론적 토대를 마련한 것은 획기적인 사건이며 높이 평가받아 마땅하다.

　야나기타가 마련한 요괴학의 이론은 우선 요괴를 정의하는 것에서 시작한다. 야나기타는 요괴를 일본인들이 지닌 자연에 대한 경외심 내지 공포심이 발현한 것으로 정의했다. 사람들이 지닌 감정이 어느 순간 상상력을 통해 형태를 띠고 나타나게 되는데 일본에서는 이를 요괴라 지칭했다는 것이다. 현재의 관점에서는 매우 단순하고 당연해 보이는 정의지만, 야나기타의 관점은 여기에서 한발 더 나아간다. 요괴가 사람들의 공포감정이 형상화된 것이라면, 원래 이들은 신이었다는 발상이다. 다시 말해 인간은 본디 자신을 둘러싼 자연에 대해 필연적으로 공포의 감정을 지니게 되는데, 처음에 이 감정이 발로했을 때는 신을 추앙하는 방식으로 나타난다. 하지만 시간이 지나면서 점차 신앙심이 옅어지자 원래 신이었던 존재가 어느새 요괴의 위치로 추락하고 말았다. 예컨대 현재 '갓파'라고 불리는 요괴는 원래 '물의 신'이었을 것이며, '야마우바(山姥)'는 사실 '산신'이었다는 식이다. 인간의 신앙체계가 균열을 일으키고 힘을 잃어가는 시점에 요괴는 탄생했다. 고대 신앙체계가 일반에서 변질된 형태의 속신(俗信)이 요괴 탄생의 메커니즘이라는 사실을 야나기타는 간파한 것이다. 그래서 전국 각지의 요괴 전승을 채집한 야나기타의 연구활동은 일본인들의 속신을 정리하는 행위였으며 그대로 일본 민속학의 토대가 되었다.

야나기타가 전국 각지의 요괴 전승을 채집하여 요괴의 명칭을 정리한 『요괴명휘(妖怪名彙)』와 박물학자인 사토 세이메이(佐藤淸明)가 1935년에 편찬한 일본 최초의 요괴사전 『현행 전국 요괴사전(現行全国妖怪辞典)』은 요괴학의 토대가 구축되면서 등장한 유의미한 결과물이다. 하지만 이러한 연구들은 요괴학의 기반을 공고히 하는 데에는 기여했지만 요괴학의 저변을 넓히는 것에는 실패한 측면이 있다. 각종 요괴를 제시하는 정도에 그치고 있어 각각의 요괴가 의미하는 바가 무엇인지에 대한 심도 있는 고찰이 부족했기 때문이다. 갓파라는 요괴 전승이 일반에 널리 퍼지게 된 계기는 무엇이며, 이것이 우리에게 전하는 바가 무엇인지에 대한 질문에 야나기타의 요괴학은 뚜렷한 해답을 제시하지 못했다. 그저 옛 일본의 신앙체계 속에서 요괴라는 개념이 탄생했다는 이론을 제시하고 그 구체적인 사례들을 모아 제시하는 데 그쳤다. 해석이 결여된 실증은 허무하다는 말처럼 야나기타의 요괴학은 분명 기대에 미치지 못하는 부분이 있다.

이런 점을 고려하면 '다니가와 겐이치(谷川健一)'의 연구는 더욱 주목된다. 다니가와는 1984년의 저서 『마의 계보(魔の系譜)』를 통해 "보편적인 발전 법칙에 따르지 않은 일본역사의 이면에 또 하나의 대단히 기괴한 흐름이 있다. 그것은 죽은 자의 마(魔)가 지배하는 역사다"라고 말하며, "죽은 자는

패자이며 산 자는 승자인 것이다. 약자가 강자를, 밤이 낮을 지배한다는 것이 있을 수 있는 일인가. 약육강식이 철칙이 된 유럽 사회에서는 상상할 수조차 없는 일이지만, 패자가 승자를 지배하고 죽은 자가 산 자를 지배하는 것이 일본 역사에는 끊이지 않고 등장한다. 이 기묘한 도착(倒錯)을 인식하지 않고서는 일본 역사의 흐름을 이해하는 것은 불가능하다"고 선언하고 있다.

지나치게 일본을 특수화하여 이해하려는 자세에 대해서는 경계를 늦출 수 없겠지만, 일본의 요괴학을 관망함에 있어 이상의 논지는 중요한 의미를 지닌다. 다니가와는 일본역사의 이면을 지배한 것은 역사의 패자인 죽은 자들의 원령이라는 점을 지적한다. 억울한 죽음을 당해 원령으로 등장하는 이들을 크게 요괴라는 범주에 포함시킨다고 한다면, 일본 역사를 움직인 하나의 동력이 요괴라는 말이 된다.

야나기타는 요괴가 고대의 신앙체계가 변질되어 나타난 결과물로 보았지만 요괴가 이후에 인간의 삶에 어떻게 관여하는지에 대해서는 큰 흥미를 보이지 않았다. 하지만 다니가와는 요괴에 살아 있는 인간의 행동을 규제하는 강력한 힘이 있다고 보았다. 승자(인간)가 자리하는 역사의 이면에는 늘 패자(요괴)가 존재했고, 현재에 이어지는 요괴 전승이란 이 패자(요괴)의 역사를 둘러싼 사람들의 언설과 행동의 집적이라는 것이다.

다니가와의 시좌(視座)는 일본의 요괴학이 사회학, 역사학과도 밀접한 관련을 맺게 한 계기가 되었다. 이전까지 요괴학이 민속학의 한 범주로 이해되던 것과 달리 이제는 요괴를 통해 일본 사회를 이해하고 일본 역사를 이해하려는 시도들이 등장하게 된 것이다. 다니가와의 연구에서 큰 영향을 받았다고 스스로 밝힌 현대 일본 요괴학의 거장 '고마쓰 가즈히코(小松和彦)'는 이상의 요괴학을 '요괴의 사회학', '요괴의 역사학'이라 부르고 있다.

현대 일본의 요괴학이 인간의 삶 속에 깊이 침투해 들어온 요괴를 본격적으로 연구하기 시작한 것은 꽤 오래 전의 일이다. '미즈키 시게루(水木しげる)'의 만화를 시작으로 대중문화 전반에서 일어난 요괴 붐이 현대 일본의 요괴학을 육성한 면이 없지 않지만, 요괴학이라는 학문의 전통에서 본다면 다니가와의 기발한 발상이 현대 일본 요괴학의 기본 입장을 대변한다고 봐도 될 것이다.

---

1) www.zdnet.co.kr/news/news_view.asp?artice_id=20150110084802
2) news.chosun.com/site/data/html_dir/2016/07/28/2016072800264.html
3) news.chosun.com/site/data/html_dir/2016/07/28/2016072802894.html

2.
요괴문화 속에 담긴 일본인의 종교성

김성은

신(神)들이 많은 나라
일본

〈포켓몬스터〉는 1996년 닌텐도에서 출시한 게임 소프트웨어에서 시작되었다. 게임이 선풍적인 인기를 얻자 텔레비전 만화영화와 수집용 카드 및 다양한 캐릭터 상품 제작으로 장르가 확대되었다. 또한 극장용 만화영화로도 만들어져 흥행에 성공을 거두었다.

만화영화는 주인공 소년 사토시가 10번째 생일을 맞아 포켓몬스터 한 마리(피카츄)와 함께 최고의 '포켓몬 마스터'가 되기 위해 여행을 떠나면서 시작된다. 주인공이 수련 여행 중 갖가지 포켓몬스터들과 대결하고 그들을 수집해 가는 시추에이션 형식의 모험이야기이다.

〈포켓몬스터〉에서 다양한 요괴가 등장하여 인간 생활에 가깝고 친숙한 존재로 그려지는 장면은 한국인들에게 낯설게 느껴질지 모른다. 일본의 수도 도쿄의 풍경을 살펴보면 높은 빌딩숲 사이에도 곳곳에 신을 모시는 신사(神社)가 있는가 하면, 집안마다 가미다나(神棚: 일본 신사의 신을 모셔 놓는 작은 제단)를 모셔 놓기도 하고 주택가 골목에도 신을 모시는 작은 신당이 있다. 도심을 벗어나면 산 밑이나 산중턱 또는 정상에, 논둑이나 강가에도 신을 모시는 건물이나 상징물이 종종 눈에 띈다.

〈가미다나〉*

뿐만 아니라 기차역에서는 요괴를 상품화한 캐릭터인 피카츄를 그려놓은 신칸센(新幹線)을 볼 수 있고, 애니메이션, 게임 등 대중문화의 중심에도 요괴가 주요 등장인물로 자리 잡고 있다.

〈신칸센에 그려진 피카츄〉**

이와 같이 일본문화의 특징 중 하나는 신도 많고, 귀신도 많고, 요괴도 많다는 점이다. 일본인 스스로도 일본에는 요로즈노가미(万の神)가 있다고 하면서 셀 수 없이 많은 신과 귀신, 오바케(お化け), 요괴 등이 있다고 말한다.

신, 귀신, 오바케, 요괴 등의 구분은 복잡하고 어렵지만, 간단히 설명하면 신과 요괴는 모두 초자연적인 존재 혹은 영적 존재를 가리킨다. 신은 인간에게 제사를 받고 제사의 결과로써 축복을 내려주는 플러스의 가치를 지닌 존재이다. 이에 반해 요괴는 사람들에게 인간에게 제사를 받지 못하고 인간에게 해를 끼치는 마이너스의 가치를 가진 존재라고 인식된다.[1]

그렇지만 일본의 신이나 요괴는 기독교의 신이나 악마와는 다르다. 기독교에서 신은 항상 선한 신이고 결코 악마가 되는 일은 없다. 악마 역시 항상 악마이지 신이 될 수 없다. 영화 〈드라큘라〉나 〈엑소시스트〉를 보면 알 수 있듯이 악마는 항상 신과 대립한다.

그런데 일본인의 신 관념 속에서는 신이 요괴가 되거나, 요괴가 신이 되기도 한다. 즉 요괴가 사람들에게 바람직한 존재, 플러스적 가치로 판단되었을 때, 그 요괴는 신으로 전환된다. 그리고 사람들의 제사가 부족해지면 신은 요괴로 변모하게 되는 것이다. 이와 같이 일본에서 영적 존재는 가변성을 가지고 있는 것이 특징이다.

인간은 신을 초월적 존재로 믿고 부와 행복을 기원한다. 신의 존재를 두려워하고 신의 뜻에 순응한다. 그에 비해 요괴는 인간에게 어딘지 부족하거나 불완전하게 보인다. 그래서 퇴마사나 무당, 스님처럼 인간이 인간에게 해를 끼치는 요괴들을 퇴치하고 응징하거나 처단할 수 있다. 때로는 요괴의 불완전함이 희화화되어 〈포켓몬스터〉의 피카츄처럼 인간에게 즐거움을 주기도 한다. 이러한 불완전한 요괴의 모습이 요괴를 인간에게 친숙한 존재로 다가오게 한다.

오늘날 포켓몬스터의 흥행은 이와 같이 요괴를 즐기는 문화, 요괴에 대한 친숙함을 배경으로 한다. 그렇다면 언제부터 일본에서는 요괴를 즐기는 문화가 형성되었을까? 이 글에서는 일본 사상, 종교사를 중심으로 일본의 요괴문화 형성 과정을 살펴보고자 한다. 오늘날 일본에서 포켓몬스터를 비롯한 요괴 콘텐츠가 문화산업을 이끄는 중요한 자원으로 발전한 배경에는 일본인의 독특한 종교성이 작용하고 있기 때문이다.

일본 고대의 자연종교:
인간다운 가미(神)들

일본에서는 신(神)을 '가미'라고 부른다. 일본의 고유 종교, 신도(神道)는 원래 경전이나 교조(敎祖)도 없이 자연발생적으로 발전한 애니미즘적 자연종교였다. 그러다가 후대에 불교나 유교의 영향으로 신도의 교리가 형성되면서 『고사기(古事記)』라는 역사서가 신도의 경전처럼 간주되었다. 사실 『고사기』는 역사서를 표방하면서도 전체 분량의 3분의 1정도를 할애하여 가공의 신화(神話)시대를 서술하고 있다. 인간의 역사를 기술하기 전에 먼저 '신대사(神代史)'라고 불리는 신들의 이야기부터 시작하는 것이다.

그런데 일본 신도의 경우 신대(神代)라는 관념에 정치적 의미가 내포되어 있다. 신대란 곧 황조신(皇祖神)의 시대를 의미하는데, 그것은 인대(人代) 즉 인간의 역사에 속한 천황가의 신성함을 주장하기 위해 만들어진 것이었다.『고사기』에 기술된 신도 신화는 왕권의 기원 신화에 중점을 두고 있다.『고사기』는 고대 왕권의 확립기뿐만 아니라 현대에 이르기까지도 일본인의 자기 정체성 형성에서 가장 지속적이고 강력한 영향력을 행사해 온 역사서이다. 즉『고사기』신화는 곧 일본의 고유종교, 신도의 신화라고 말 할 수 있다.

하지만 이러한 정치적, 종교적 이데올로기 속에서 만들어진『고사기』는 일본 고대인들의 상상력이 응축되어 있는 보고(寶庫)이기도 하다. 즉『고사기』신화는 일본인들의 신에 대한 관념의 기원을 살펴볼 수 있는 좋은 자료인 것이다. 따라서 이 글에서는『고사기』를 통해 고대 일본인들이 신에 대해 어떤 관념을 가지고 있었는가를 살펴보고자 한다.

『고사기』신화의 내용을 간단히 설명하면 마치 성경의 창세기와 같이 태초의 혼돈 가운데 하늘과 땅이 있고, 신이 나타나 만물을 생성시킨다. 그 가운데 남매신 이자나기와 이자나미가 근친상간을 통해 일본 국토와 신들을 낳는다는 국토기원신화이다. 또한 일본 신화의 가장 중요한 황조신 아마테라스 오미가미(天照大御神)의 탄생과 그 자손들의 왕권 확립이 묘사되어 있다.

주목할 점은『고사기』에 나오는 가미(神)들은 유교에서 말하는 신과도 다르고 기독교의 신(God) 개념과도 다르다는 것이다. 한마디로 그것은 인간주의적 가미 관념이라고 요약할 수 있다.

종교학자 박규태는 『고사기』에 나오는 가미(神)의 특색을 다음의 여섯 가지로 정리하고 있다.[2]

첫째, 가미는 외부에서 온 일시적인 손님이다. 민속학자 오리구치 시노부(折口信夫, 1887~1953)는 이런 신을 '마레비토 가미(来訪神)'라고 표현했다. 가미를 정중하게 접대하여 기분 좋게 돌아가게 해야 한다는 것이다. 말하자면 신과 인간의 교류는 기본적으로 인간이 신을 접대하는 것이다. 이런 접대를 일본인은 '마쓰리(祭り)'라고 부른다. 오늘 날 일본 각 지역의 다양한 마쓰리 문화는 이와 같이 인간이 신을 접대하는 데서 비롯된 것이다.

둘째, 가미는 인간과 질적으로 상이한 절대타자로서의 창조신이 아니다. 신도에서는 가미와 인간 사이의 본질적인 차이를 인정하지 않기 때문이다. 따라서 일본에는 인간이 사후 혹은 생전에 가미로서 숭배되고 제사 받는 사례가 적지 않다. 가령 교토의 도요쿠니(豊国) 신사에는 임진왜란을 야기한 도요토미 히데요시(豊臣秀吉)가, 닛코(日光)의 도쇼궁(東照宮)에는 에도막부를 연 도쿠가와 이에야스(德川家康)가, 도쿄의 메이지신궁(明治神宮), 노기 신사(乃木神社), 야스쿠니 신사(靖国神社)에는 각각 메이지천황, 메이지시대의 영웅

노기 마레스케(乃木希典) 등 천황을 위해 싸우다 전사한 사람들이 모두 신으로서 오늘날까지 제사를 받고 있다. 뿐만 아니라 국가신도 체제에서는 천황을 '이 세상에 모습을 나타낸 신'이라는 뜻의 '아라히토가미(現人神)'로 숭배했으며, 금광교(金光敎)나 천리교(天理敎)에서도 교조를 '살아 있는 신'이라는 뜻의 '이키가미(生神)'로 모셨다.

셋째, 가미는 곧 인간의 마음속에 존재한다. 무로마치시대(室町時代, 1336~1573) 후기 이래 에도시대(江戶時代, 1603~1867)에 걸쳐 신도계를 지배한 신도설로 요시다신도(吉田神道)가 있다. 요시다 신도의 창시자 요시다 가네토모(吉田兼俱, 1435~1511)는 대표적인 저서 『신도대의(神道大意)』에서 사람이 살아가는 데 제일 중요한 것은 "오직 자신의 마음에 머무는 가미를 모시는 것"이라고 말한다. 가미란 곧 인간의 마음이라는 것이다. 그리하여 그는 "내가 곧 신이요, 신이 곧 나"라고 주장했다. 도쿄대 윤리학과 교수인 카노 가쿠묘(管野覺明, 1956~)는 가네토모의 주장에 대해 데카르트의 정식을 한번 비틀어 "나는 가미(=인간의 마음)를 모신다. 고로 나는 존재한다"라는 정식으로 표현하기도 한다. 이러한 존재론은 일본인의 가미 관념을 잘 보여준다.

넷째, 가미는 구체적이고 현실적이다. 인간주의적 가미 관념이 지배적인 일본에서는 추상적이거나 초월적인 신이 숭배된 예가 거의 없다. 가령 『고사기』 신화의 맨 처음에

등장하는 지극히 높은 최고의 신(至高神) '아메노미나카누시노가미(天御中主神)'는 초월적이고 추상적인 성격을 지니는데, 메이지유신 이전까지만 해도 이 가미를 제신으로 모시는 신사는 전혀 없었다. 왜냐하면 일본인은 인간에게 매우 친숙하고 현실적인 가미를 더 선호하기 때문이다. 그래서 그들은 신을 호칭할 때 마치 이웃집 아저씨를 대하듯이 "~가미상"이라고 부르기를 좋아한다. "~상(さん)"이라는 표현은 우리말의 "~님"에 해당하는 일상어이다. 또한 오늘날 일본인들은 명인, 달인, 기인, 괴짜 등에 대해서도 "~가미"라고 거리낌 없이 부른다. 이것은 근대 일본에서 인격적인 유일신 창조주(God)를 가미(神)로 번역한 것이 얼마나 큰 실책이었는가를 여실히 보여준다.

다섯째, 가미와 인간의 관계는 상호의존적인 '주고받는' 관계에 가깝다. 즉 인간은 가미를 숭배함으로써 가미를 높여주며, 그 대가로 가미는 인간을 지켜주고 복을 가져다준다고 생각한다. 일본인들은 신사에 모셔진 신이 어떤 신인가에 대해서는 별 관심이 없다. 무슨 신이건 간에 건강, 재물, 학업과 합격, 취업, 연애와 결혼 등 현실적인 문제의 원만한 해결을 기원하면 그것으로 충분하다고 생각한다.

여섯째, 일본의 가미는 변신의 천재이다. 일본에서 가장 일반적으로 믿는 가미는 조상신이지만 그밖에도 무수한 가미들이 있다. 현대 일본인들은 신사를 참배할 때 자기가 지금 예배드리는 대상이 어떤 가미인지 이름조차 모르는 경우가 태반이다. 중요한 것은 가미가 현실적으로 인간에게 어떤 복덕을 가져다주느냐 하는 데 있고, 그 가미의 이름이나 내용은 아무래도 상관없다고 여기기 때문이다. 그래서 가미의 이미지가 그때그때 상황에 따라 변한다 해도 개의치 않는다.

가령 고대 『고사기』에 나오는 가미는 조상신이었다. 그러다가 중세시대에 신도와 불교의 습합신도설에 등장하는 가미는 불보살의 수적(垂迹)이 되었고, 신도와 유교의 습합신도설에서는 가미를 리(理) 혹은 태극과 동일시했다. 한편 근세시대에 일본 국학의 대성자 모토오리 노리나가(本居宣長, 1730~1801)의 복고(復古) 신도에서는 가미를 황실과 국민의 조상신으로 보았으며, 후기 국학자 히라타 아쓰타네(平田篤胤, 1776~1843)의 복고신도는 가미를 기독교의 신과 같은 창조주이자 최후 심판의 주재자로 간주하기까지 했다. 나아가 근대 국가신도에서 가미는 황실 및 국민의 조상신이자 동시에 충신, 열사, 전사자들의 사령(死靈)으로 관념되기에 이른다.

이와 같이 일본인들이 고대부터 갖고 있었던 신에 대한 관념은 인간다움이었다. 앞서 신은 인간의 제사를 받는, 플러스적 가치를 가진 영적 존재라고 설명했다. 일본인은 고대부터 인간보다 우월한 위치에서 축복을 내려주고 제사를 받는 신조차 지극히 인간적으로 묘사해 온 종교관을 가지고 있었다. 이와 같은 오랜 종교관이 바탕이 되어 일본인들은 〈포켓몬스터〉와 같이 친숙한 요괴 캐릭터를 만들어낼 수 있었던 것이다.

일본 중세의 불교:
오니(鬼)의 시대

그렇다면 고대의 가미의 관념을 벗어나 '요괴'의 형상이 뚜렷해진 시기는 언제부터일까? 민속학자 이와이 히로미(岩井宏實)는 헤이안시대(平安時代, 794~1191) 말기부터라고 추정하고 있다.[3]

여기서는 헤이안시대 말기 이후, 즉 중세시대[4]의 종교적 상황을 개관하면서 일본의 전통적인 요괴 이미지를 살펴보고자 한다.

일본의 종교학자 아마 도시마로(阿滿利麿)는 일본 중세시대는 종교적으로는 다음의 세 가지를 믿었던 시대라고 설명하고 있다.[5]

첫째는 신불(神佛)의 존재를 문자 그대로 신봉하던 시대이다. 둘째는 불교와 함께 전래되어 온 인도인의 세계관인 육도윤회(六道輪廻: 모든 생물은 지옥, 아귀, 축생, 아수라, 인간, 천의 여섯 세계를 계속 순회함)를 믿었던 시대이다. 다시 말해 전생(前生)과 내세(来世), 다시 태어남을 믿고 있었던 시대라 할 수 있다. 셋째는 죽어서 지옥이나 아귀, 축생 등의 세계로 떨어지지 않기 위한 믿음으로서, 사후 세계의 구제를 간절히 믿었던 시대이다. 이러한 세 가지가 일체가 되어 신봉되었던 시대가 바로 일본의 중세라고 할 수 있다.

〈일본 사이타마현 구마가이역 입구에 있는 구마가이 지로나오자네 동상〉**

예를 들어 구마가이 지로나오자네(熊谷次郎直實, 1141~1207)라는 간토(関東) 지방의 무사가 출가해 당시 혁명적인 염불 사상을 설파하고 있었던 호넨(法然, 1133~1212)의 제자가 된 것은 사후 세계에서 구제받기를 원했기 때문이다. 구마가이는 출가 전 미나모토(源) 집안과 다이라(平) 집안의 전쟁에서 어쩔 수 없이 자식과 같은 어린 나이였던 다이라 아쓰모리(平敦盛, 1169~1184)의 목을 벤 적이 있었다. 구마가이는 비록 무사라 하더라도 사람의 목숨을 빼앗았기 때문에 죽은 뒤 지옥에 떨어지지 않을까 하는 심각한 공포감에 휩싸이게 되었던 것이다. 호넨의 유력한 제자 중에는 무사가 많았는데, 그들 또한 구마가이와 사정이 비슷했을 것이다.

많은 무사들이 호넨 주변에 모여들자 이를 수상하게 여긴 막부 당국은 무사들을 조사하게 된다. 이 때 호넨은 무사 제자들에게 오로지 사후의 구제를 얻기 위해 자신의 문하에 모인 것일 뿐 그 이외의 것은 아무것도 모른다고 대답하라고 가르치는데, 이러한 사실 역시 당시 사람들의 관심이 어디에 있었는지를 잘 보여 주고 있다. 중세 시대의 대표적인 설화집인 『곤자쿠모노가타리(今昔物語)』나 『사세키슈(沙石集)』를 읽어보더라도 신불의 구제를 기원하는 감동적인 설화들을 쉽게 발견할 수 있다. 대수롭지 않게 남의 목숨을 해치던 악당이 우연히 한 스님을 만나 어떠한 악인이라 할지라도 아미타불은 모두 구원해 준다는 설교를 듣고, 그 자리에서 출가하여 서방 극락을 향해 여행을 떠난다는 이야기도 그중 하나라고 할 수 있을 것이다.

육도윤회의 고통으로부터 해방될 방법이 있다면 모든 노력을 다해 실천하겠다는 것이 당시 중세인들의 보편적 삶의 방식이었다. 그렇다면 이러한 불교를 중심으로 한 중세의 종교 상황은 요괴를 어떻게 그리고 있는가?

중세의 대표적 연극 '노(能)'에서는 원령(怨靈)이나 여자 오니(鬼女)를 주제로 한 작품이 많은데, 그 중에서도 오니(鬼)는 빼놓을 수 없는 존재였다. 오니에도 여러 유형이 있는데, 일본문학자 이재성은 크게 다음과 같이 구분하고 있다.[6]

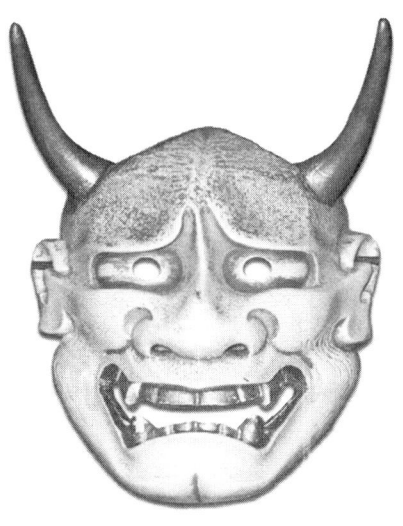

〈노의 여자 오니 가면, 한냐멘(般若面)〉**

첫째, 사람을 잡아 먹는 오니. 가마쿠라시대(鎌倉時代, 1185~1333)의 불교는 나쁜 짓을 하면 지옥에 떨어져 무서운 벌을 받게 되지만 부처님의 가르침을 지키면 괜찮다고 하여 서민층으로 신자를 늘려갔다. 그 때 두루마리 그림(絵巻物)이 많이 그려졌는데, 거기에는 염라대왕의 명을 따라 죽은 자들을 고문하는 무서운 오니가 그려져 있다.

둘째, 불법을 수호하는 신으로서의 오니. 오니 중에는 불교를 수호하는 신의 하나로서 인정되는 것들이 있다. 이름 높은 스님이 절을 지을 때 그 덕(德)에 감복한 오니의 안내를 받았다고 하는 전설이 많다. 일본의 절에는 오니 기와(鬼瓦)나 탑의 네 귀퉁이를 지키는 오니 등, 불법을 수호하는 신(護法神)으로서의 오니가 다수 보인다.

셋째, 사람이 변해서 되는 오니. 노의 가면에 한냐멘(般若面)이라는 것이 있다. 이것은 여자가 심한 질투심으로 인해 여자 오니(鬼女)로 변신하려 할 때의 얼굴이다. 또 나그네를 잡아먹는 오니할멈(鬼婆)의 전설이 있는데, 처음에는 어쩔 수 없이 했던 것이 하다 보니 재미있어져서 이윽고 진짜 오니가 되어버렸다고 하는 패턴이 있다. 그리고 간토(関東) 지방에는 물건을 훔치는 것을 경계하는 그림이 많이 남아 있는데, 물건을 훔치는 여자가 거울을 보면 오니의 모습이 보인다는 것이다.

이와 같이 중세시대에 오니에 관한 기록이 많아진 것은

전란의 시대에 일어나는 부조리하고 불가사의한 사건들을 오니의 존재를 통해 설명하고자 했던 것으로 이해된다. 또한 불교에 귀의하여 죽음에 대한 공포를 이겨내고 사후 세계의 구원을 얻기 위한 중세인들의 열망이 오니라는 존재를 통해 구체화되었다고 할 수 있다.

일본 근세의 현세주의: 오락 대상으로서의 요괴

  중세의 전란기를 종식시키고 평화로운 안정기, 근세시대를 연 것은 '도쿠가와 이에야스(德川家康, 1543~1616)'였다. 일본에서는 도쿠가와 이에야스가 1600년 세키가하라 전투에서 승리하여 1603년 막부를 에도(江戸: 지금의 도쿄)에 세운 때부터 1867년 도쿠가와 요시노부(德川慶喜)의 대정봉환(大政奉還)으로 무사 중심의 막부체제를 종식시키고, 메이지천황을 중심으로 하는 메이지유신(明治維新)이 이루어질 때까지의 약 260년간을 말한다.

  전례 없는 장기간의 평화시대에 중세의 종교적 가치는 몰락하고, 현세주의가 지배하게 된다. 그리고 물질문명의 발달과 과학적 합리적 사고의 확산 등으로 근세 일본인들의 지식 수준이 높아지자, 요괴를 불가사의한 공포의 대상으로 여기기보다 지적 유희로서 즐기려는 경향이 강해졌다.

종교가의 몰락

도쿠가와 막부는 주자학이라는 새로운 유학을 막부 공인의 학문으로 정했다. 그러면서 유학자들은 불교배척론을 명확히 했다. 그 중심 인물은 후지와라 세이카(藤原惺窩, 1561~1619)와 하야시 라잔(林羅山, 1583~1657)으로, 이들은 한결같이 불교를 사회에 도움이 되지 않는 "식충이와 같은 종교"라고 비난했다. 이들 막부의 어용 학자들 외에도 이토 진사이(伊藤仁斎, 1627~1705), 야마자키 안사이(山崎闇斎, 1618~1682), 오규 소라이(荻生徂徠, 1666~1728) 등과 같은 민간 유학자들도 불교를 배격하는 점에서는 일치하였으며, 국학자(國學者)[7]라고 일컬어진 사람들의 경우 불교를 배척하는 데 유학자들보다 더 큰 목소리를 내고 있었다.

왜 그들은 이토록 불교를 배척했을까? 아마 도시마로는 그 이유를 다음과 같이 설명하고 있다.[8]

첫 번째 이유로는 당시 특권적 지위에 있었던 승려들의 극심한 타락을 들 수 있다. 집착을 멀리하고 사적 소유를 철저하게 제한하는 것이 출가자(出家者) 본연의 자세임에도 불구하고 금은재화를 축적하고 각종 사치를 추구하는 데 혈안이 되어 있던 현실의 승려들을 보고, 이를 통렬히 비판하지 않을 수 없었던 것이다.

두 번째 이유로는 후지와라 세이카, 하야시 라잔, 야마자키 안사이 등이 본래는 선종(禪宗)의 승려였던 것과 관계가 있다. 일본에서 주자학은 당시로서는 최신의 종교였던 선종의 일부로서 전래되었기 때문에 선종의 승려들은 불교의 면학과 함께 새로운 유학인 주자학의 연구에 힘을 쏟고 있었다. 후지와라 세이카는 이러한 상황 속에서 선종으로부터 주자학을 독립시키는 데 주력하고 있었으므로 불교에 대한 강한 반발심을 품고 있었다.

특히 세속의 정치나 도덕의 구체적 방식에 강한 관심을 가지고 대책을 제시하는 유학의 입장에서 볼 때, 선종의 출가주의(出家主義)는 현실을 무시하는 반세속주의일 뿐만 아니라 현실 생활에 대한 관심을 저해하는 독선적이고 유해한 가르침이라고 생각했던 것이다. 유학자들의 불교 비판은 세간의 여러 가지 관습이나 의무를 저버리고 출가해 버리는 방식, 스스로의 노동 없이 다른 사람들에게 얹혀사는 태도, 현실 생활에 어떤 도덕적인 지침을 제시할 수 없다는 점 등에 집중되어 있었다. 앞서 '식충이'라는 표현이야말로 유학자들의 불교 비판의 핵심이었던 것이다.

이러한 유학자들의 불교배척론을 중심으로 근세 일본에

서는 종교적 가치와 종교가(宗敎家) 집단이 몰락해갔다. 그러면서 내가 지금 살고 있는 현세(現世)를 중시하는 가치관이 확산되기 시작했다.

현세주의 확산

불교가 가르치는 '무상'은 '제행무상(諸行無常)'이라는 말에서 드러나듯이 모든 존재는 나타났다가 사라질 뿐 결코 영원할 수는 없다는 뜻이다. 나아가 불교에서는 '무상'의 세계를 '고통(苦)'으로 보아 '고통'에서 벗어나야 한다고 가르친다.

아마 도시마로는 일본인들이 이러한 '무상' 극복을 위해 두 가지 길을 선택했다고 지적했다.[9]

첫 번째는 무상이나 육도윤회로부터 벗어나기를 가르치는 불교에 귀의하는 길이다. 그래서 중세의 일본인들은 출가해서 부처가 되기도 하고, 현세의 모든 존재로부터 초월해 있는 '아미타불(阿彌陀佛)'에 귀의하기도 했다.

두 번째는 인생이 무상하다는 사실을 부정하지는 않지만 그것을 괴롭다고 받아들일 것이 아니라 무상 그 자체를 즐기는 것이다. 현세는 분명히 덧없고 믿을 수 없다. 그러나 사시사철 변해가는 자연의 모습은 보기만 해도 아름답고, 사람을 사랑하고 아끼는 마음만으로도 충분히 삶의 보람을 느낄 수 있다. 인생은 무상하고 세상은 '우세(憂世: 세상을 괴로움과 근심이 가득 찬 것으로 인식하는 것. 불교적 내세 구원을 지향하게 한다)'지만 인생에는 즐길 만한 요소도 적지 않다. 그렇다면 인생을 즐겨서 안 될 이유가 없다.

근세시대 일본인들은 이렇게 사고가 전환되면서 '우세'가 '부세(浮世. 우키요)'로 변하기 시작한다. 부세란 문자 그대로 확실한 중심이 없이 둥둥 떠다니며 배회하는 세계이지만, 동시에 기분이 들떠 즐거운 세계이기도 하다. 적어도 '우세'와 같은 심각한 고통으로부터 표면적으로는 해방되어 있는 것이 부세이다. 이 세상은 한번밖에 없는 꿈이니 하고 싶은 대로 살아가면 된다는 것이다.

이와 같이 근세시대에 향락적 인생관이 나타나게 된 배경에는 경제적인 뒷받침이 있었다. 1700년에 전체 일본인의 5~6%가 인구 10만 이상의 도시에 살고 있었다.[10]

이것과 비교하면 당시 유럽의 도시화 진행속도는 일본의 절반에도 미치지 못했다. 유럽의 전체인구에서 인구 10만 이상의 도시에 살고 있던 사람의 비율은 겨우 2%에 불과했다. 도시의 정의에 좀 더 규모가 작은 곳까지 넣어서 비교해 봐도 일본의 도시화 진행은 역시 앞서 있었다. 1720년 무렵 인구 1만 명 이상의 도시에 거주하는 사람은 일본 전 인구의 10%에 상당하는 약 300만 명에 달했다. 인구 100만을 거느린 에도는 세계 최대의 도시였다. 각각 35만의 인구가 살고 있던 교토와 오사카는 런던이나 파리에 필적하는 규모였다. 어떤 기준으로 봐도 1700년대 당시의 일본은 세계에서 가장 도시화된 나라 중 하나였다. 이로 인해 사람들은 생활에 자신감을 갖기 시작하였던 것이다. 즉 전세(前世)나 후세(後世)는 있을지 없을지 모르며, 그것이 확실하지 않은 것이라면 전세나 후세에 얽매이지 말고 죽을 때까지 이 세상을 즐기는 것이 최선의 선택이라는 것이다.

〈1720년경 일본 주요 도시의 인구〉[11]

	도시	인구
1	에도(도쿄)	1,000,000
2	오사카	382,000
3	교토	341,000
4	가나자와	65,000
5	나고야	42,000
6	나가사키	42,000

경제적 여유와 함께 일본 근세시대의 특징 중의 하나로 시간 의식이 명확해졌다는 점을 들 수 있다. 이 시기에 들어서 사람들은 하루를 12각(刻)으로 나누고 1각을 다시 상중하로 삼분하며 그 각각을 재차 1점(點)에서 4점까지 세분화하였다. 이와 같은 시간에 대한 인식을 통해 모든 것을 수량화하는 일본인들의 사고방식이 근세시대에 시작되었음을 알 수 있다. 모든 것을 수량으로 따진다는 것은 바꾸어 말하면 수량화할 수 없는 것은 시야에 들어오지 않음을 의

미한다. 좀 더 구체적으로 말하면 수량화 가능한 것, 눈에 보이는 것만을 신뢰하고 수량화할 수 없는 것, 눈에 보이지 않는 것에는 무관심하다는 것이다. 이처럼 숫자로 치환될 수 있는 것, 눈에 보이는 것에만 현실감을 느끼는 근세 일본인의 정신세계에서는 중세와 같이 사후 세계에 대한 관심이나 사후 구원을 위한 신불, 오니에 대한 관심은 점차 사라지게 되었다.

오락의 대상이 된 요괴

그렇다면 근세시대에 요괴는 어떤 존재가 되었을까? 중세시대에는 지옥이란 문자 그대로 감당할 수 없는 공포심을 일으키는 대상이었다. 그러나 근세에 들어서면서부터는 지옥 또한 현세 존재 방식의 일면을 상징하는 것으로 인식된다. 예를 들어 근세의 전통 예능 중 하나인 라쿠고(落語)[12] 〈지옥팔경망자희(地獄八景亡者戱)〉에서 지옥은 이곳 저곳 구경거리가 많은, 관광 코스처럼 묘사되고 있다. 죽은 사람들은 염라대왕 앞에서 장기 자랑을 하거나 극락에 보내달라고 조르기도 하고 귀신들과 묘기를 겨루기도 한다.

〈닌교조루리 인형극『셋슈갓포가쓰지(攝州合邦辻)』〉***

이러한 경향은 닌교조루리(人形浄瑠璃)[13]에서도 그 선례를 찾을 수 있는데, 〈셋슈갓포가쓰지(攝州合邦辻)〉의 경우가 그렇다. 〈셋슈갓포가쓰지〉에서는 내세를 기원하는 데에는 염불만으로 부족하다고 하면서 염라대왕이나 귀신들에게 돈을 바쳐 친해 두어야 안심이라고 청중들에게 말한다. 또 돈을 내기만 하면 무간지옥(無間地獄: 잠시도 그치지 않는 뜨거운 불세례를 받는 곳)에 떨어져도 지옥 불가마솥에서 술을 마실 수 있고, 초열지옥(焦熱地獄: 팔대 지옥의 하나로 여기에 떨어진 자는 지은 죄 때문에 맹렬히 타오르는 불길 속에서 살과 피부가 검게 타오르는 고통을 감내해야 함)에서 구운 생선을 맛볼 수 있으며 삼도천(三途川: 사람이 죽어서 저승으로 가는 길의 중간에 있다고 하는 시내)에서는 뱃놀이를 즐길 수 있다는 등, 익살과 농담을 곁들여 사후 세계를 현실의 물질주의 사고방식으로 설명하고 있다.

　중세까지의 요괴는 인간의 지혜로는 이해하기 어려운 신기한 현상, 존재의 두려움, 불안, 공포로부터 생겨난 것이었다. 그러나 에도시대의 도시민들은 경제적 여유와 학문의 보급으로 합리적 사고가 발달하면서, 사후 세계, 신, 요괴를 실재하지 않는 가공된 존재로 인식하고, 요괴를 오락의 대상으로 취급하기 시작했다. 사후 세계조차 종교적, 신앙적인 문맥에서 분리시킴으로써 사람들은 즐기기 위해서 요괴를 자신들의 손으로 창조하는 일이 가능해 진 것이다.

　이렇게 오락의 대상이 된 요괴는 에도시대에 그림책과 소설, 풍속화, 연극에서 중요한 등장인물이 되었다. 예를 들어 가부키(歌舞伎)[14] 〈도카이도요쓰야괴담(東海道四谷怪談)〉에서는 남편을 극진히 섬기던 한 여인(お岩: 오이와)이 다른 여자에게 마음을 빼앗긴 남편의 손에 의해 죽임을 당한다. 그러자 이 여인은 요괴로 변신하여 복수에 나선다.

　극중에서는 사람이 요괴로 변신하는 과정 자체가 관객의 볼거리로 주목을 받는다. 관객이 보는 앞에서 사람이 요괴로 변신하는 연출은 관객으로 하여금 요괴에 대한 저항감을 없애고 요괴를 즐기는 문화로 받아들이게 한다. 〈도카이도요쓰야괴담〉은 근세시대뿐만 아니라 최근까지도 일본에서 납량특집으로 자주 공연되고 있다.

이와 같이 근세 일본의 도시문화는 중세시대에 공포의 대상이었던 요괴를 오락의 대상으로 변신시켰다. 또한 근세시대에 다양한 장르의 픽션에서 요괴의 시각화, 조형화, 캐릭터화가 진행되면서 일본 요괴의 특징이 형성되었다. 이렇게 형성된 요괴의 특징이 바탕이 되어 현대 일본 사회에서 요괴의 캐릭터화가 진행되고 있는 것이다. 그리고 많은 일본인들의 공감을 얻으며 이야기, 그림, 연극, 애니메이션, 만화, 영화, 캐릭터상품, 게임 등 곳곳에 응용되고 있다. 이 과정 속에서 〈포켓몬스터〉처럼 전 세계인의 공감과 사랑을 받는 캐릭터가 탄생한 것이다.

〈『도카이도요쓰야괴담(東海道四谷怪談)』의 주인공 오이와로 분장한 가부키 배우〉****

문화컨텐츠의 잠재력:
전통과 근현대 문화의 공존

일본 요괴문화의 역사에도 성쇠가 있었다. 신앙 대상으로 혹은 실재하는 존재로 여겨지던 시대에 요괴문화는 쇠퇴의 길로 접어들었다. 근대 초기 서양을 모델로 한 과학적 합리주의자들은 요괴의 존재를 미신으로 규정하면서 퇴치해야 할 공격의 목표로 삼았다. 즉 '요괴 박멸'이 진행되어 요괴를 믿는 사람이 줄어들고, 이노우에 엔료(井上円了, 1858~1919)라는 근대주의 종교학자는 생활 속 미신 타파를 위해 요괴학 연구를 시도하였다.

그렇지만 근세시대와 같이 요괴 활약의 장을 종교나 과학이 아닌, 픽션의 세계, 오락의 장으로 바꾸면 새로운 문화의 지평이 열린다. 현재 〈포켓몬GO〉가 일본열도를 뜨겁게 달구고, 나아가 해외까지 뻗어나가고 있는 현상도 요괴문화가 픽션과 오락의 세계에서 성공한 예라고 할 수 있다.

이러한 일본의 사례는 한국 문화컨텐츠 개발을 위한 중요한 시사점을 던져준다. 한국에서는 〈뽀로로〉, 〈번개맨〉, 〈로보카 폴리〉 등과 같은 캐릭터가 텔레비전 만화영화, 극장용 만화영화, 뮤지컬, 실내놀이터, 의류, 장난감 등 다양한 분야에서 성공을 거두고 있다. 그러나 이러한 캐릭터들은 대상이 유아동으로 한정되어 있다는 아쉬움이 있다. 성인까지 함께 즐길 수 있는 문화컨텐츠 개발이 시급하다.

왜 한국에서는 일본과 같이 요괴가 문화컨텐츠로 발전하지 못했을까? 일본의 근세시대에 해당하는 조선왕조 시대에는 유교적 이념과 도덕 규율을 중시하여 미신을 배척하고 무절제한 상상력을 구속했다. 이러한 유교적 전통으로 인해 요괴의 존재는 미신으로 배척되었고, 다양한 요괴의 패턴이 소설이나 연극과 같은 픽션의 세계에서조차 표현되기 어려웠을 것이다. 더욱이 근대에는 과학적 합리주의가, 현대에는 기독교 포교로 인한 유일신 사상 보급으로 요괴는 여전히 미신으로 배척해야 할 대상으로 남아 있었다. 이와 같이 한국은 지나치게 요괴의 실재 여부에 관심을 두어 종교, 과학의 눈으로만 바라보았던 것이다. 그 결과 요괴의 존재를 미신으로 가두게 되어, 픽션 속에서 상상될 수 있는 여지를 갖지 못했다.

앞서 서술한 것처럼 일본도 근대에는 서양의 합리주의를 모델로 하는 근대화의 물결로 요괴문화의 위기가 도래했다. 그래서 요괴학은 이노우에 엔료가 미신 타파를 위해 개척한 학문영역이었지만, 그 뒤 야나기타 구니오(柳田国男, 1875~1962)라는 민속학자에 의해 꽃피우게 된다. 야나기타는 근대화 과정에서 버려진 민간신앙을 조사, 수집하면서 요괴문화 역시 일본인의 삶을 규명하는 중요한 요소로 파악하여 연구를 계속했던 것이다. 그의 노력이 오늘날 요괴문화연구의 바탕이 되고 있다.

 이와 같이 일본 역시 근세시대에 황금기를 맞이했던 요괴문화가 근대에 와서 소멸의 위기에 봉착했지만 야나기타 구니오에 의해 다시 극복되었다. 그리고 마침내 탈근대가 모색되기 시작했을 때 요괴문화에서 소재를 구한 미야자키 하야오(宮崎駿, 1941~) 감독은 〈원령공주〉, 〈이웃집 토토로〉, 〈센과 치히로의 행방불명〉이라는 애니메이션을 통해 근대 극복에 대한 다양한 대안을 전 세계인에게 제공할 수 있었다.

 한국도 뽀로로, 번개맨, 로보카 폴리라는 문화컨텐츠 개발 성공 경험을 바탕으로 이제 전통 속에서 상상력의 근원을 발견하고 근현대문화와 조화시켜 가야할 것이다. 우리의 전통 속에서 계승, 발전된 문화컨텐츠야말로 유아동과 성인이 함께 공감할 수 있고, 나아가 전세계인과 함께 즐길 수 있는 제2의 〈포켓몬스터〉를 탄생시킬 것이다.

1) 고마쓰 가즈히코/박전열(역), 『일본의 요괴학 연구』, 민속원, 2009.
2) 박규태, 『일본정신의 풍경』, 한길사, 2009.
3) 岩井宏實, 『日本の妖怪百科』, 河出書房新社, 2015.
4) 12세기 말 가마쿠라막부 설립(鎌倉幕府, 1192) 무렵부터 17세기 초 에도막부 설립(江戸幕府, 1603) 이전까지의 약 400년간을 중세시대라고 한다. 이 400년간은 가마쿠라 시대(1192~1333), 남북조(南北朝)·무로마치(室町)시대(1334~1573), 아즈치(安土)·모모야마(桃山)시대(1574~1600)로 나눌 수 있다. 무사정권이 성립하여 다스린 시대로서 전란이 자주 있었다는 특징이 있다.
5) 아마 도시마로/정형(역), 『일본인은 왜 종교가 없다고 말하는가』, 예문서원, 2000.
6) 이재성, 「일본 대중문화에 나타난 요괴 이미지」, 『일본의 요괴문화』, 한누리미디어, 2005.
7) 『고사기』, 『일본서기(日本書紀)』, 『만요슈(万葉集)』등의 일본 고전에 관한 문헌학적 연구 방법에 의거해 특히 유교, 불교 도래 이전의 일본 고유의 문화 및 정신을 밝히려고 하는 학자들을 말한다. 근세 학문의 발달과 국가의식의 대두와 더불어 일어난 국학 운동의 중심이 되었다.
8) 아마 도시마로/정형(역), 『일본인은 왜 종교가 없다고 말하는가』, 예문서원, 2000.
9) 아마 도시마로/정형(역), 『일본인은 왜 종교가 없다고 말하는가』, 예문서원, 2000.
10) 앤드루 고든/문현숙, 김우영(역), 『개정판 현대 일본의 역사1』, 이산, 2015.
11) 関山直太郎, 『近世日本の人口構造: 徳川時代の人口調査と人口状態に関する研究』, 吉川弘文館, 1969.
12) 근세시대의 대표적 예능. 라쿠고카(落語家)라고 불리는 사람이 부채를 들고 무대 위에 앉아, 청중들을 대상으로 해학적인 이야기를 풀어가는 형식의 예능이다. 에도, 오사카와 같은 대도시에서 성행했다.
13) 근세시대의 대표적 예능. 일본의 전통 악기 샤미센을 연주하면서 역사적 사건이나 전설, 설화, 문학 작품 등을 들려주는 인형극이다.
14) 근세시대의 대표적 연극. 모든 출연자는 남성이라서 여성 역할의 경우는 남자 배우가 여자로 분장하고 여성적 발성을 하며 연기한다. 전용 극장인 가부키자(歌舞伎座)에서 공연된다.

* www.asahikawajinja.or.jp
** 일본 위키피디아
*** www.lares.dti.ne.jp/bunraku/guidance/top_gapp.html
**** spn.ozmall.co.jp/entertainment/performance/19

3. 일본 문학 속 요괴 문학의 역사

여우 요괴, 구미호(九尾狐)를 중심으로

김미옥

김미옥

2009년 10월 27일 부터 정식 서비스를 시작한 게임인 〈리그 오브 레전드(League of Legends, LoL)〉에는 여우 캐릭터인 '아리(Ahri)'가 있다. 아리는 2011년 한국 런칭을 앞두고 개발되었고, 최초 공개 당시 이름은 구미호(Kumiho)였다.

그런데, 2014년 한복을 입고 있는 아리 이미지에 재팬 엑스포 마크(Japan Expo: ジャパン·エキスポ)가 들어갔고, 이를 본 프랑스 유저가 라이엇 게임즈 유럽 지부 게임마스터(이후 'GM')에게 아리의 기원에 대해서 물었다.

그러나 구미호를 모태로 만들어진 아리에 대해서 알지 못했던 프랑스 담당 GM은 구미호(九尾狐)가 일본의 신화에서 시작되었다고 답변하였다. 이에 한국 유저들은 구미호의 기원이 일본 신화에서 시작된 것이 아니라, 한국, 일본, 중국 등 동아시아 지역의 전설에서 시작된 것이라 지적했다.

이처럼 구미호(九尾狐)는 한국을 비롯하여 일본, 중국 등 동아시아의 전설에 등장하는 동물 요괴 중 하나로 황금빛 털에 9개의 꼬리를 가진 여우 요괴, 귀신을 이른다.
　'요괴'라는 용어는 일본 근대 민속학자들이 사용하던 학술용어로 본 글에서는 '일본' 문학 속의 구미호를 살펴보고자 함에 '여우 요괴'라는 용어를 사용하고 있음을 밝힌다. 요괴라는 학술용어가 사용되기 이전, 일본에서는 모노노케(Mononoke: もののけ)라는 용어를 사용했다. 한국에서 모노노케라는 단어는 미야자키 하야오(宮崎駿) 감독의 작품 제목으로 더 많이 알려져 있으며, 본래의 의미는 도깨비, 요물, 귀신이다.
　여우 요괴를 한국에서는 매구나 여우 귀신, 일본에서는 주로 요호(妖狐)로, 중국에서는 호리정(狐狸精), 호선(狐仙)이라 부른다. 불리는 이름만큼이나 여우에 대한 이미지는 다양하며, 여러 시대를 거쳐 등장하며 변화를 거쳤다. 특히 일본 여우 요괴의 이미지는 중국과 상당히 비슷한데, 중국 문헌에 등장하는 여우 요괴에 관한 책은 다음과 같다.
　5세기 책으로 알려진 『산해경(山海經)』을 시작으로 송대 『태평광기(太平廣記)』, 명·청대 『요재지이(聊齋志異)』와 『열미초당필기(閱微草堂筆記)』, 그리고 청말 『구미호(九尾狐)』 등에 이르기까지 여우 요괴에 관한 책은 다양하고 다채로우며, 그 이미지 역시 매우 다양하고 다채롭게 전승되고 있다.

그렇다면, 이러한 여우 요괴의 구체적 이미지는 어떠할까?

여우 요괴의 이미지는 여우라는 동물이 지니고 있는 범상치 않은 능력의 이미지와 사람을 해치는 부정적 이미지로 인해 두려움의 대상으로 보는 시각으로 나눌 수 있다.

그러나 중세 이후 과학, 합리라는 이성적인 사고를 갖추게 된 인간의 능력이 동물의 능력을 넘어섬에 따라 미신적 요소는 제거되기 시작한다. 여우는 더 이상 두려움의 대상이 아니라 인간 세계를 동경하면서 인간이 되기 위해 어쩔 수 없는 악행을 저지르는 이미지로 인식된다.

이러한 이미지들은 여러 사람들의 입에서 입으로 전해진 이야기 속에서 오랜 세월 민족이 지녀온 생활의 멋과 지혜, 염원과 절망, 웃음과 울음, 해학과 풍자, 가치관 등의 여러 특성이 고스란히 녹아있다.

그렇다면 일본 문학에서 여우 요괴의 이야기가 어떻게 생성과 변용, 소멸의 과정을 거치면서 살아남은 이야기들인지 구체적으로 알아볼까한다.

일본삼대악귀(日本三代惡鬼),
하쿠멘콘모큐비노 기츠네(白面金毛九尾の狐)

일본에서 언급되는 많은 요괴들 중 최고이며, 최강으로 꼽히는 요괴들 중 3위 안에 들어가는 것이 하쿠멘콘모큐비노 기츠네(白面金毛九尾の狐)이다. 여우를 일본어로 '기스네(狐)' 라고 하는데, 하쿠멘콘모큐비노 기츠네는 여우 요괴로 생각해도 될 것이다. 하쿠멘콘모큐비노 기츠네는 일본삼대악귀(日本三代惡鬼) 중 하나로 다이조코 스토쿠 텐구(大上皇崇德天狗), 슈텐도지(酒呑童子)와 함께 언급된다.

하쿠멘콘모큐비노 기츠네를 살펴보기 전 먼저 다이조코 스토쿠 텐구와 슈텐도지에 대해서 알아보면 다음과 같다.

다이조코 스토쿠 텐구는 일본 헤이안시대(平安時代) 75대 스토쿠 일왕(崇德天皇, 1119~1164)이 죽은 후 요괴로 변한 것이다. 스토쿠 일왕은 제73대 호리카와 일왕(堀河天皇, 1079~1107)의 양아들로 무력으로 정권을 탈취하기 위해 쿠데타를 일으켰으나 실패하고, 절에 유폐된다. 친족에게 버림받았다는 것에 분노하여 스스로 본인의 혀를 씹어 그 피로 경전

위에 일본에 대한 저주를 퍼붓고, 갑자기 손톱과 머리카락이 길어지는 등 겉모습이 무섭게 변한 채로 죽은 후 바로 요괴가 되었다.

이후 일본인들은 원한으로 요괴가 된 스토쿠 텐구로 인해 일본에 여러 사건이 벌어졌다고 생각하는데, 12세기 미나모토 가문(源氏)과 다이라 가문(平家)과의 대결전, 다이라노 키요모리(平清盛)의 갑작스럽고 괴이한 죽음, 그리고 이어진 14세기 아시카가(足利) 가문의 난, 헤이안쿄(平安京)의 대화재 등이다.

이처럼 일본인들의 스토쿠 텐구에 대한 두려움은 메이지 유신(明治維新, 1867) 후에도 이어지는데, 메이지시대 메이지 정부(明治政府)는 스토쿠 원령이 에도 막부(江戶幕府) 군대에 힘을 실어줄까 두려워 스토쿠 원령을 교토(京都)로 맞이하는 의식을 거행하고, 시라미네 신궁(白峯神宮: 현재 교토시)을 창건했다고 한다.

〈『다이니혼시략쿠즈에(大日本史略図会)』 스토쿠 일왕〉*

다음으로 슈텐도지는 헤이안 시대 교토를 근거지로 살고 있다는 요괴로, 무로마치 시대(室町時代, 1338~1573) 이야기책인『오토기조시(御伽草子)』에 따르면, 키가 6미터 이상이고 뿔이 다섯 개, 눈이 열다섯 개나 달렸다고 한다. 또한, 슈텐도지는 천하무적의 힘과 굳건한 요새를 갖추고 마을을 드나들며 부녀자 납치, 재물 강탈, 식인 등, 온갖 나쁜 짓을 저지르는 악귀였다. 이에 일왕의 명을 받든 후지와라노

〈『와칸햐쿠모노가타리(和漢百物語)』슈텐도지〉*

라이코(藤原賴光)와 그 부하들이 승려로 변장하여 슈텐도지의 산속 요새에 숨어들어, 슈텐도지를 토벌한다.

이러한 슈텐도지의 이야기는 일본 전통 극예술인 노(能)를 비롯하여 가부키(歌舞伎) 등의 단골 소재로 등장할 뿐만 아니라 현대에도 영화나 소설 등에서 요괴의 명맥을 이어가고 있다.

이미 언급한 바와 같이 다이조코 스토쿠 텐구, 슈텐도지와 함께 3대 악귀로 언급된 것이 하쿠멘콘모큐비노 키츠네

이다. 대중적인 인지도로 본다면, 삼대악귀 중에서도 최고이며, 최강의 요괴라 할 수 있다. 하쿠멘콘모큐비노 키츠네가 갖고 있는 이미지 중 악귀라는 좋지 않은 이미지는 중국의 여우 요괴 이미지와 거의 일치한다.

중국의 여우 요괴는 표독하고 간사한 여성상을 상징하는 부정적인 이미지로 그려지고 있는데, 이는 중국 명 시대 『봉신연의(封神演義)』에서 등장하는 '달기(妲己)'라는 여인에게서 그 연유를 찾을 수 있다.

중국 은(殷)나라 주왕(紂王)은 아름다운 여인에게 홀려 정사를 돌보지 않고 결국에는 나라를 망하게 했다. 그 아름다운 여인은 '달기(妲己)'라는 여우 요괴로 주왕을 홀려 천하를 어지럽히고, 무고한 사람들을 죽이는 등 온갖 사악한 짓을 일삼는 악귀였다.

이러한 이미지는 일본에 그대로 전해졌고, 일본 에도시대(江戸時代, 1603~1867) 동화책이라 할 수 있는 『에혼산고쿠요후덴(繪本三國妖婦傳)』을 보면, 여우 요괴인 달기가 셋으로 나뉘어져 중국, 인도, 일본에서 나타났다고 한다.

〈『에혼산고쿠요후덴(繪本三國妖婦傳)』 잔인한 달기(妲己)와 주왕(紂王)〉*

이 중 일본에 나타난 여우 요괴는 753년, 17세의 와카모(若藻)라는 이름의 아름다운 소녀로 변신하여 중국에 온 견당사(遣唐使) 기비노 마키비(吉備眞備, 695~775)의 도움으로 견당사 아베노 나카마로(阿倍仲麻呂, 698~770), 승려 간진(鑑) 등과 함께 견당사선을 타고 일본에 도착한다.

이후 여우 요괴가 모습을 보인 것은 약 360년 뒤. 슬하에 자식이 없었던 사카베노 유키쓰나(坂部行綱)라는 사람이 고아인 미즈쿠메(藻女)를 양녀로 삼아 소중히 키워 아이가 18세가 되던 해에 입궐시킨다. 입궐한 아이는 헤이안시대 제74대 도바 일왕(鳥羽天皇, 재위 1107~1123)의 시중드는 궁녀가 되었고, 이름을 다마모노마에(玉藻前)라 바꾼다. 다마모노마에는 빼어난 미모와 총명함으로 도바 일왕에게 총애를 얻어 승은(承恩)을 입기에 이른다.

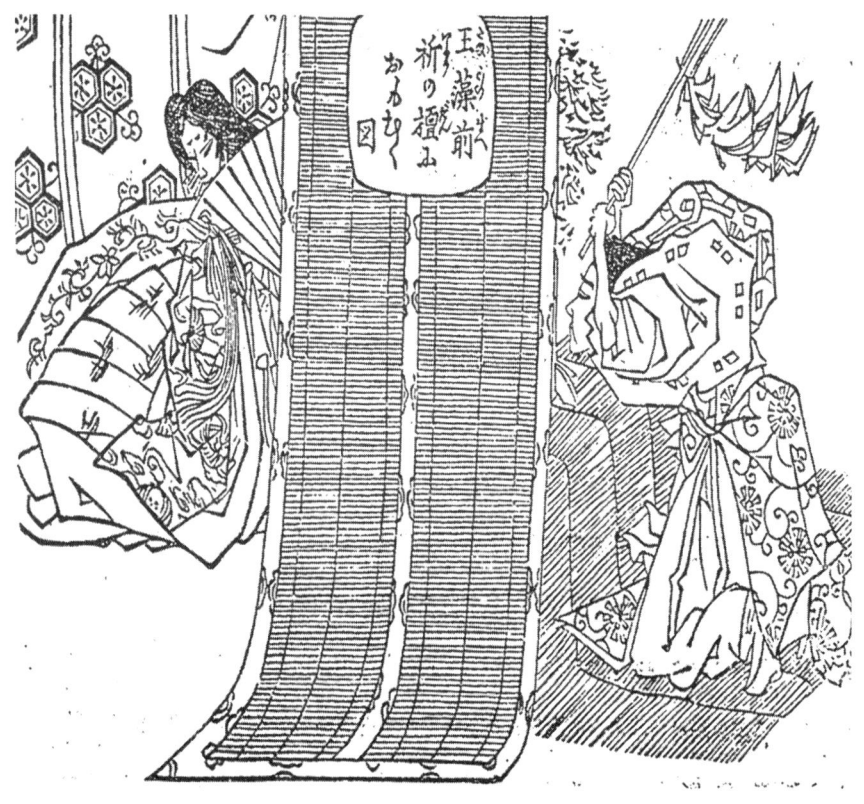

〈『에혼산고쿠요후덴(繪本三国妖婦傳)』다마모노마에(玉藻前)〉*

그러나 도바 일왕은 다마모노마에와 인연을 맺은 뒤 얼마 지나지 않아 원인 모를 병을 얻게 되었고, 의관들조차 어떤 병인지 알아 내지 못하였다. 이에 당시 음양사(陰陽師)였던 아베노 야스나리(安倍泰親, 1100~1183)를 불러 점을 치게 하였고, 병의 원인이 여우 요괴가 둔갑한 다마모노마에였다는 것이 밝혀지게 된다. 정체가 밝혀진 다마모노마에는 이후 홀연히 사라져 행방을 감춘다.

〈『에혼산고쿠요후덴(繪本三国妖婦傳)』 여우 요괴와의 전투〉*

다마모노마에가 사라진 이후 부녀자가 잇달아 실종되는 사건이 계속해서 일어나자, 도바 일왕은 여우 요괴를 퇴치하기 위하여 현재의 도치키 현(栃木県)에 해당하는 나스군(那須郡) 영주인 후지와라노 스케이에(藤原資家, 須藤權守貞信)와 음양사 아베노 야스나리에게 군사 10만 명과 함께 토벌대를 편성하도록 한다. 토벌군과 여우 요괴와의 격렬한 전투는 1, 2차로 이어졌고, 마침내 토벌군에 의해 여우 요괴는 숨을 거두게 된다.

〈『에혼산고쿠요후덴(繪本三国妖婦傳)』여우 요괴 참형받다〉*

그러나 여우 요괴는 죽은 후 거대한 독석(毒石)으로 변하여 가까이 다가오는 인간이나 동물 등의 생명을 모두 빼앗아 버린다. 때문에 사람들은 이 돌을 '살생석(殺生石)'이라 불렀으며, 마을 사람들은 두려움에 떨어야만 했다. 이를 해결하기 위해 여우 요괴를 진혼하러 많은 고승들이 왔지만, 살생석의 독기로 인해 고승들도 차례차례 쓰러져 갔다.

〈『에혼산고쿠요후덴(繪本三国妖婦傳)』겐노 법사, 살생석을 구제하다〉*

세월이 흘러 무로마치시대에 이르러서야 겐노 신쇼(源翁心昭, 玄翁) 법사에 의해서 살생석이 파괴되었는데, 이에 관해서는 1781년에 간행된 도리야마 세키엔(鳥山石燕)의 요괴 그림집인 『곤자쿠햐쿠기슈이(今昔百鬼拾遺)』에서 볼 수 있다.

〈『곤자쿠햐쿠기슈이(今昔百鬼拾遺)』살생석(殺生石)〉

이야기를 통해서 알 수 있듯이 다마모노마에는 여우 요괴가 둔갑을 한 것이다. 여우 요괴는 악귀로, 왕을 유혹하여 병들게 하고 나라를 멸망의 길로 들어서게 했으며, 10만 군사와의 싸움에서도 지지 않는 등 인간보다 우월한 힘을 지닌 존재로 묘사된다. 이러한 이미지는 현재도 여전히 남아 있으며, 여우 요괴가 죽었던 도치키 현(栃木県)에는 살생석이 사적(史蹟)으로 남아 있다.

일본인들 중에는 일본 각처에서 사건사고가 많이 일어나는 것은 그 살생석의 조각으로 추정되는 바위들이 있기 때문이라고 생각하며 그 존재를 믿는다고 하니, 일본인들에게 여우 요괴는 여전히 무서운 존재로 남아 있는 듯하다.

인간을 사랑하다, 구즈노하(葛の葉)

구즈노하(葛の葉)는 일본 전설에 등장하는 또 다른 여우 요괴로 구즈노하기쓰네(葛の葉狐), 시노다즈마(信太妻、信田妻)라고도 불리기도 한다. 현재도 구즈노하는 일본 전통 극예술인 닌교조루리(人形浄瑠璃)와 가부키(歌舞伎)에도 등장한다.

닌교조루리는 일본 전통 인형극, 가부키는 일본 전통 오페라 정도로 생각하면 된다.

구즈노하를 주인공으로 하는 닌교조루리와 가부키는 『아시야도만오우치카가미(蘆屋道満大内鑑)』가 있으며, 일반적으로 '구즈노하(葛の葉)'라고 한다.

〈『에혼 햐쿠모노가타리(絵本百物語)』 구즈노하(葛の葉)〉

구즈노하 전설은 일본 제 62대 무라가미 일왕(村上天皇, 926~967)이 제위하고 있었던 헤이안시대를 배경으로 한다.

어느 날 야베 야스나(安倍保名)라는 사람이 시노다 숲(信太の森: 현재 오사카 부)에 갔는데, 우연히 사냥꾼에게 쫓기던 흰여우를 구해주다가 상처를 입게 된다. 그 때 구즈노하(葛の葉)라는 여인이 나타나서 야베 야스나를 간호하고 집까지 데려다 준다.

이후 간호를 위해서 함께 생활하던 구즈노하와 야베 야스나는 서로를 사랑하게 되고 결혼하여 도지마루(童子丸)라고 하는 아이를 얻게 된다. 도지마루가 5살이 되었을 때, 구즈노하의 정체가 야베 야스나를 구해주었던 흰여우라는 사실이 밝혀지고, 여인은 글을 남기고 시노다 숲으로 돌아간다. 야베 야스나는 글을 읽고 나서야 구즈노하가 은혜를 갚기 위해 인간 세계에 온 것을 알게 되고, 아들인 도지마루를 데리고 시노다 숲으로 간다. 숲에서 모습을 드러낸 구즈노하를 만난 야베 야스나와 도지마루는 구즈노하에게서 수정 구슬과 황금상자를 받고 헤어지게 된다. 이후 이야기는 아들인 도지마루가 부친인 야베 야스나의 원한을 갚는 이야기로 이어진다. 아들인 도지마루는 후에 세이메이(晴明)로 개명하는데, 일본에서 음양사로 가장 유명한 아베노 세이메이(安倍晴明)로 알려져 있다.

전설에서는 구즈노하가 자신의 정체가 밝혀져 아이를 두

고 떠나야 하는 상황에 남편인 야베 야스나에게 편지를 남기게 되는데, 닌교조루리, 가부키 『아시야도만오우치카가미(蘆屋道満大內鑑)』 등의 명장면으로 알려져 있다. 이 장면은 구스노하의 애절한 마음을 표현한 것으로 일본인들에게 인상 깊이 남아 있다. 편지글의 내용은 다음과 같다.

사랑하신다면, 저를 찾아오세요.
이즈미 시노다 숲의 원한 구즈노하
恋しくば尋ね来て見よ
和泉なる信太の森のうらみ葛の葉

〈1891년 시바이에(芝居絵) 도요하라 구니치카(豊原国周) 구즈노하, 아들과 이별하는 장면(葛の葉子別れの場)〉

이처럼 구즈노하는 여우 요괴이지만, 사랑하는 정인인 야베 야스나에게 자신의 온마음을 바치고, 아들 도지마루에게는 인간인 아들과 헤어져야 하는 안타까움과 모친의 무한한 애정을 표현한다.

1891년 시바이에(芝居絵) 도요하라 구니치카(豊原国周)「구즈노하, 아들과 이별하는 장면(葛の葉子別れの場)」에서 볼 수 있듯이 헤어져야 하는 자신의 아이와 조금이라도 함께 하고픈 애달픈 마음으로 아이를 안고 글을 쓰는 구즈노하의 모습은 여우 요괴라기보다는 마음 속 깊은 모성을 간직한 여인으로 느껴진다.

인간보다 더 인간적인 구즈노하가 인간 세상에 발을 내딛었던 이유는 자신을 살려준 야베 야스나에게 은혜를 갚기 위해서였다.

이처럼 여우 요괴가 보은했다는 이야기는 12세기 일본 문학 사상 최대 규모의 설화집이라 할 수 있는『곤자쿠모노가타리슈(今昔物語集)』27권 제40화〈여우, 빼앗긴 구슬을 애원해서 돌려받고 보은한 이야기(狐託人被取玉乞返報語)〉에서도 볼 수 있다.

옛날 하고도 아주 오래 전 젊은 무사가 여우 요괴가 갖고 놀고 있는 구슬을 빼앗아 버린다. 빼앗긴 구슬을 돌려달라고 애원하는 여우 요괴에게 무사는 다시 구슬을 돌려준다.

훗날 여우 요괴는 자신의 구슬을 돌려준 무사에게 감사하며, 무사가 도적에게서 피할 수 있게 도움을 준다.

이 외에도 『곤자쿠모노가타리슈』 14권 5화 〈죽은 여우를 구하기 위해 법화경을 쓴 남자 이야기(爲救野干死寫法花人語)〉를 보면, 여우 요괴는 인간과의 사랑을 위해 자신을 희생하고, 무사를 대신해서 자신의 목숨을 내놓는다.

구체적인 내용을 보면, 젊은 무사가 길을 걷다가 우연히 여인을 만나게 된다. 무사는 아름다운 여인의 모습에 함께 밤을 보내기를 원하지만, 여인은 함께 밤을 보낸다면 자신이 죽게 될 것이라 말한다. 그러나 무사는 이를 믿지 않고 계속 여인과 함께 하기를 청한다. 결국 무사와 밤을 보낸 여인이 한 가지 부탁을 하는데, 법화경을 공양해 주기를 바란다는 말을 남긴 채 무사와 헤어진다. 다음날 다시 여인을 찾아온 무사는 자신이 정표로 준 부채로 얼굴을 가린 채 죽어있는 여우를 발견하고, 안타까운 마음에 여인이 말한 대로 법화경을 공양한다.

이처럼 여우 요괴가 인간에게 도움을 주었거나 은혜를 갚는다는 이야기는 불교의 인과응보(因果應報)와 관련이 있지만, 은혜를 갚는다는 관념은 인간 사회의 현실적 도덕이었기에 현실 사회에서 바라는 주제와도 관련이 깊다고 할 수 있다.

때문에 여우 요괴가 은혜를 갚는 이야기는 한국은 물론이고 일본, 중국 등 동아시아에 존재해왔고, 이로 인해 여우 요괴가 인간들에게 두려움이 대상만이 아닌 친숙하게 사랑을 받아 온 것이라 생각된다.

여우 요괴,
신앙(信仰)이 되다.

　이미 언급한 바와 같이 일본의 여우 요괴는 주로 인간의 원초적인 두려움과 공포를 유발시키는 대상으로 인식되기도 하고, 사랑을 위해 자신을 희생하거나 보은하는 대상으로 인식되어 왔다. 그러나 때로는 인간에게 있어서 신과 같이 경외의 대상으로 숭배되기도 하였는데, 이는 일본의 이나리(稻荷) 신앙과 관련이 있다.

　이나리 신앙은 이나리 묘진(稻荷明神)을 여우로 보거나 이나리 묘진의 사자(使者)로 여우를 믿는 신앙을 말한다. 이나리(稻荷)는 일본 신화에 나오는 쌀농사를 번영하게 하는 신으로 알려져 있으며, 대장장이의 수호신으로 상인계층이 숭배하는 신이다.

　한편 이나리는 다양한 모습으로 묘사되는데, 볏단을 들고 긴 머리를 멋지게 늘어뜨린 여자 또는 하얀 여우를 타고 있는 수염 기른 남자로 나타나기도 한다. 때문에 여우는 이나리의 사신으로 신사 안팎에서 볼 수 있다. 현재도 이나리 신사(稲荷神社)에는 여우상이 모셔져 있으며, 많은 사람들이 참배한다.

이나리 신사 참배에 관한 이야기는 『곤자쿠모노가타리슈』 28권 제1화 〈고노에 관리들이 이나리 신사를 참배하고 시게타가 여자를 만난 이야기(近衛舍人共稲荷詣重方値女語)〉에서 볼 수 있는데, "지금은 옛날 이야기이지만, 2월 첫 번째 말(午)의 날은, 예부터 교토의 모든 이들이 이나리 신사에 참배하러 모이는 날이다.(今昔、衣曝(きさらぎ)の始午(はつうま)の日は、昔より京中に上中下の人、稲荷詣とて参り集ふ日也。)"에서처럼 이나리 신사의 참배는 오래전부터 일본인들 삶과 밀접한 관련되어 있으며, 이는 일반 백성들은 물론이거니와 왕실과도 관련이 있었다.

오늘날에도 일본 각지에 이나리 신사가 세워져 있으며, 그중 『곤자쿠모노가타리슈』에서 언급한 교토의 후시미(伏見) 이나리 신사(稲荷神社)가 가장 유명하다. 그러나 구체적으로 이나리 신사와 여우를 연관지어 기술하고 있는 서적은 찾을 수 없다.

지금까지 살펴본 일본에서의 여우 요괴의 이미지는 시대적, 사회적 변용 속에서 인간과의 교류와 접촉, 그리고 인식 정도에 따라서 그 차이를 보여 왔음을 알 수 있다.

구즈노하의 경우는 공포스러운 요괴에서 인간적 이미지와 더불어 자식에 대한 모성을 지닌 존재로, 그 이미지는 변화하거나 이중적 구조 속에서 변모했다. 결과적으로 구즈노하는 하쿠멘콘모큐비노 기츠네의 전통적인 여우 요괴 이미지에서 비롯된 공포스런 원념을 넘어서는 존재로 인식되고 있는 것이다.

다시 말해서, 일본에서 여우 요괴는 사람들에게 신으로 모셔야 할 경외와 숭배의 대상 또는 사람들에게 공포와 위협이 되는 존재로 퇴치되어야 할 두려움의 대상이 아니라 인간과의 관계 속에서 신의를 지키고, 보은하는 존재로 변화·변용한 것이라 할 수 있다.

현재도 여우 요괴는 여러 시대를 거치면서 영화, 애니메이션, 게임, 패러디물 등으로 변용되고 있다. 이 중 영화 작품에는 구로사와 아키라(黑澤明) 감독의 미국과 일본 합작 옴니버스 영화인 1990년 〈꿈(夢)〉이 있다. 작품의 제 1화인 여우비(日照り雨)에서 여우는 자연을 대변하고 범접해서는 안 되는 대상으로 표현되고 있다. 그리고 애니메이션에는 〈쾌걸 조로리(かいけつゾロリ)〉가 있는데, 우리나라에서는 애니 채널 투니버스에서 방영된 바 있을 정도로 대중적인 만화 영화이다.

내용은 의인화된 여우 주인공인 조로리와 그의 부하인 멧돼지가 여행을 떠나 생긴 에피소드를 담고 있는데, 주인공인 여우 조로리는 장난스러운 면이 있으면서도 정 많고 정의감이 투철해서 곤경에 처해 있는 사람을 보면 지나치지 못하는 캐릭터로 표현된다.

특히 요즘 애니메이션 작품인 〈포켓몬스터〉는 아이들에게 신앙이라 불릴 정도로 대단한데, 그 중 여우 요괴와 관련된 몬스터로 '식스테일'과 '나인테일'이 있다.

몬스터 식스테일은 본래 여우 요괴의 이미지에서 파생된 캐릭터로 꼬리가 6개인 채로 어린 시절을 보낸다는 발상에서 성체로 진화하게 되면 아름다운 나인테일의 모습으로 형성되는 캐릭터이다. 나인테일은 성스러운 힘을 지닌 9명의 신선이 합체하여 태어났다는 전설이 있으며, 지능이 높아서 사람의 말을 이해한다고 한다.

그러한 의미에서 여우 요괴담이나 요괴 이미지는 민담처럼 집단적 담론의 결과물이며 끊임없는 첨가와 삭제가 이루어지는 속성이라고 생각할 때, 변화하는 집단 상상력의 산물이라고 볼 수 있다.

이러한 관점에서 볼 때 향후에도 일어날 독특하고 다양한 여우 요괴의 이미지들이 어떻게 전개되어 나갈지 그 변화가 기대되고 흥미롭다. 현재 일본에서 여전히 살아 숨 쉬고 있는 여우 요괴가 앞으로 어떠한 또 다른 이미지로 전개될지 기대해 본다.

■ **참고문헌**

- 김홍겸, 「한중일 여우 이미지의 유사성과 차이」, 『동양학』 50권, 2011.
- 김지선, 「동아시아 여우 설화를 통해 본 신의의 문제: "보은담"을 중심으로」, 『신뢰연구』 15권 2호, 2005.

* dl.ndl.go.jp
** www2.ntj.jac.go.jp

4.
요괴의 시각 문화와 현대적 이미지 산업

김학순

김학순

요괴와
여행을 떠나자

　요괴와 함께 떠나는 여름 방학 여행. 일본의 대표적 요괴인 갓파(河童)를 소재로 한 〈갓파쿠와 여름 방학을(河童のクゥと夏休み)〉이라는 애니메이션은 우리나라에서도 상당히 알려진 요괴 영화이다. 가오나시(カオナシ)라는 요괴로 유명한 〈센과 치히로의 행방불명(千と千尋の神隠し)〉역시, 우리들에게 친숙한 요괴 관련 애니메이션 중의 하나로, 온천장에 수많은 요괴들이 손님으로 등장한다. 이처럼 요괴와 여행을 떠나거나, 요괴를 손님으로 접대하며 함께 생활하는 이야기 구조는 우리에게는 다소 낯선 소재일 것이다. 아직 우리에게는 요괴라는 어휘, 요괴에 대한 이미지가 생소하다. 일본 요괴를 우리가 쉽게 이해하려면 도깨비정도로 생각하면 될 것이다. 하지만 우리가 생각하는 도깨비의 이미지는 일본 요괴와 달리 매우 한정되어 있다. 도깨비와 여행을 가거나 도

깨비와 함께 생활하는 이야기를 들어본 적은 없다.

그에 비해 일본 요괴문화는 고대에서 현재까지 이어지고 있는 전통이 강한 일본문화 중의 하나라 할 수 있다. 다양한 요괴의 종류뿐만 아니라, 이러한 요괴문화를 수용하는 일본인들의 심리나 정신 구조 역시 우리와 매우 다르다. 우리가 느끼는 도깨비에 대한 공포심이나 막연한 호기심과 달리, 일본인들은 요괴를 주변에서 볼 수 있는 친근한 소재로 생각하고 있다. 무서움을 주거나 인간을 괴롭히는 요괴의 실존 여부보다 요괴가 주는 즐거움과 상상력에 더 큰 비중을 둔다. 또한 그러한 생각에 그치는 것이 아니라, 다양한 요괴를 발굴하고 체계화하여 요괴학을 만들고 현재에 이르러는 요괴를 이용한 수많은 문화적 콘텐츠까지 생산하고 있다. 일본인들은 요괴가 현실에 존재하지 않는다고 해서 비과학적이라고 폄하하거나, 배제 시켜야 할 존재로 인식하지 않는다. 오히려 일상생활 속에 공존해야 하는 중요한 문화적, 전통적, 상업적 가치를 가진 존재로 인식하고 있다.

우리가 생각하고 있는 요괴, 즉 도깨비는 머리에 뿔이 달려 있고, 도깨비 방망이를 이용하여 여러 요술을 부리거나, 인간을 놀려주거나 괴롭히는 존재이다. 어릴 적 외할머니께서 술에 취한 한 남성이 도깨비와 씨름을 하고 아침에 깨어보니 큰 싸리 빗자루가 옆에 있었다거나, 외갓집 근처

에 있던 큰 사각형의 돌이 도깨비가 가지고 놀던 공깃돌이었다는 이야기를 해 주셨다. '도깨비가 어떻게 생기고, 어떤 특징적인 모양을 하고 있다'라기 보다는 옛 이야기의 소재로만 등장하고 있다. 하지만 일본은 한국과 다르다. 이야기 속의 소재로서는 물론 각각의 요괴가 가지고 있는 특징과 이미지도 매우 중요하다. 무엇보다 인간과 다른 요괴의 모습, 즉 일본인들은 시각적인 이미지에 큰 호기심을 보이며 요괴를 찾기 시작한 것이다. 물론 이러한 요괴 인식에는 일본인들의 종교관, 신에 대한 인식, 암흑에 대한 공포, 도시문화, 출판문화의 발달 등 여러 원인이 있겠지만, 그 중심은 바로 요괴에 대한 이미지, 즉 시각화된 요괴라 할 수 있다. 코가 길고 얼굴이 붉고 날개가 달린 덴구(天狗), 등에는 거북이 등껍질, 머리에는 접시가 있는 갓파, 두부를 양손에 들고 다니는 두부동자승(豆腐小僧), 목이 긴 여성 요괴인 로쿠로쿠비(ろくろ首) 등 수없이 많은 요괴가 일본 사회와 문화 속에 확실한 이미지와 정형화된 형체를 가지며 공존해 왔다. 이러한 문화적 기반이 일본의 캐릭터, 피규어 산업, 〈도라에몽〉, 〈포켓몬스터〉와 같은 애니메이션 산업, 나아가 〈포켓몬GO〉와 같은 게임 산업까지 확대시켰다고 할 수 있다. 이처럼 일본 이미지 산업의 발달에는 요괴가 가지고 있는 다양한 이미지와 그 문화적 기반이 바탕이 되어 온 것이다.

이 글에서는 이러한 일본 시각문화 속 요괴 이미지를 고대에서부터 현재까지 살펴보고자 한다. 이처럼 고대에서 현재까지 이어져 온 일본 요괴 이미지를 이해하고 그 문화적 가치와 재미를 알게 된다면, 우리 역시 도깨비의 다양한 이미지를 발굴하고 언젠가는 도깨비와 함께 여행을 떠나거나, 도깨비와 함께 사는 도시가 생기지 않을까. 다양한 도깨비와 함께 공존하는 세상, 얼마나 흥분되고 재미있지 않은가.

일본인에게 요괴란

요괴란 무엇일까. 앞에서는 요괴를 이해하기 쉽게 하기 위해 도깨비라는 친숙한 말로 바꾸어 표현했지만, 일본 요괴문화는 우리나라의 도깨비 문화와는 여러 다른 측면을 가지고 있고, 스케일도 매우 크다. 신과 요괴와의 관계, 불교적 종교관, 요괴가 출현하는 공간의 문제, 귀신, 유령, 빙의와의 관련성 등이 그러한 다른 측면이다. 일본 민속학자인 야나기타 구니오(柳田国男)는 요괴를 '신들이 영락한 존재'로 정의하고 있다. 일본 신들은 본래 모습을 숨기거나 보이지 않는 존재였다. 바다, 산, 숲, 늪, 섬과 같은 자연과 융합하여 그 모습을 감추고 있었다. 일본인에게 자연은 신 그 자체였던 것이다. 그러나 이처럼 계속 몸을 숨기지 못하고 인간 세상으로 나온 신들이 생겨나게 되었다. 그러한 존재들이 요괴인 것이다.

하지만 요괴 연구가인 고마쓰 가즈히코(小松和彦)는 야나기타의 요괴 정의에 대한 주장에 대해 다소 이견을 제시하고 있다. 야나기타의 신앙전체의 역사가 후퇴기로 변화하고 있는 것에는 동의하고 있으나, '신앙심의 후퇴가 요괴를 활발하게 발생시킨 것은 아니다'라고 지적하고 있다. 신앙심이 깊은 고대로 갈수록 많은 신들이 존재했고, 그에 비례해 요괴도 많았다는 주장이다. 요괴의 종류가 많았다는 것이 아니라, 요괴와 관련된 행사, 또는 요괴의 소행으로 간주된 일들이 많았다는 것이다. 또한 요괴란 불가사의함과의 만남이며, 이러한 불가사의함이 설명되지 않고 초월적 존재의 소행임을 인정할 때 성립된다고 논하고 있다. 즉 이것이 요괴 체험인 것이다. 또한 요괴는 퇴치, 추방되어져야 할 존재로, 인간 사회에서 그 존재가 사라지기 이전까지 인간에게 공포심을 주거나 괴롭히는 역할을 하게 되는 것이다. 영락한 신, 요괴는 인간 사회에 나타나 인간에게 그 존재감을 나타내고 결국 인간 세계에서 소멸되며 그 역할을 다 하게 되는 것이다. 요괴가 그 존재감을 인간에게 나타내게 되면 인간은 공포심을 느끼게 되며, 이것이 요괴가 존재하는 이유 중 하나이다.

고마쓰는 공포심을 유발하기 위한 객관적 요인으로 외부 환경이 존재해야 한다고 보고 있다. 이러한 외부 환경을 세 가지로 구분했는데, 그 첫 번째로 자연을 들고 있다. 하지만 자연이 항상 인간에게 공포감을 주는 것은 아니다. 그 자연의 상태가 인간에게 불안감을 주는 어느 상황, 지진, 홍수, 태풍, 쓰나미 등과 같은 자연재해 등이 발생할 때 자연은 공포의 대상이 된다. 공포를 주는 자연 안에 요괴가 발생한다고 생각하거나, 자연재해를 요괴의 소행과 연관시키게 된다. 기이한 모습으로 변신을 하는 특정 동물들, 여우, 너구리, 뱀 등도 자연에서 발생한 요괴들이다. 두 번째로는 쓰쿠모가미(付喪神)라고 하는 도구, 기물, 요괴저택(化け物屋敷) 등의 요괴이다. 세 번째가 인간이다. 인간도 어떤 상황에 처하게 되면, 위험한 존재가 되어 요괴가 된다. 죽은 인간의 원령, 또는 살아 있는 인간의 원령 등이 인간을 습격하기도 한다. 일본인의 인식 속에는 모든 존재에 영혼이 머물고 있고, 그러한 영혼들도 인간과 같은 감정을 가지고 있는 것으로 보고 있다. 어떤 집단이나 인간이 이러한 영적 존재와 관계를 맺고 살다 보면, 기쁨과 즐거움을 주기도 하지만 때로는 원한이나 화를 갖게 하기도 한다. 그러한 이유

로 신비적인 제재나 공격을 받게 되어, 병에 걸려 죽거나 집안에 불행이 닥치거나 한다. 요괴의 존재를 확신하는 이들은 이 현상의 배후가 요괴라고 믿으며 구체적인 모습을 상상하게 된다. 즉 인간의 불안한 심리 저편에 요괴가 존재하고 있는 것이다.

시대적인 구분으로 요괴의 성격을 보면, 고대에는 불교에서 말하는 귀신(鬼)이 주를 이루었다. 불교적 관점에서 본 귀신은 사악한 성격과 두려운 모습으로 인간에게 해를 주거나, 지옥의 사자와 같은 이미지가 강하다. 나라(奈良)시대 불교설화집인 『일본영이기(日本靈異記)』 등에서는 사령(死靈)이 귀신의 모습으로 변화하고 있다. 사령이라 하는 눈에 보이지 않는 무서운 귀신, 원령 등을 요괴로 인식하고 있었다. 하지만 고대에서 요괴로 보아왔던 사령, 원령, 귀신 등은 점차 요괴 범주에서 벗어나, 요괴는 좀 더 다양하고 구체적인 모습으로 등장하기 시작하였다. 고대에서 요괴로 간주한 귀신은 불상제작의 영향 하에서 조각으로 제작되는 등, 그 입체적인 모습이 구체적으로 표현되어 왔다. 하지만 요괴는 입체적으로 표현할 수 없기에 그림으로 그려지기 시작한다. 요괴는 불가사의하고 변화를 잘하는 존재이므로, 결국 그림으로 이야기를 풀어 나가는 에마키(絵巻)에서 구체적인 이미지가 구현되기 시작한다. 즉 시각화된 요괴의 이미지가 탄생하게 된 것이다.

에마키(絵卷)와
기뵤시(黄表紙) 속 요괴

〈에마키〉는 헤이안(平安)시대에 고안된 일본의 독특한 스타일로 그림에 의해 이야기가 전개되는 두루마리 식으로 된 새로운 방식이다. 에마키가 등장하기 이전까지는 오직 글에만 의존하여 시간의 경과에 따른 사건과 전설 등을 기록했었다. 하지만 에마키는 전설과 같은 이야기들을 비주얼 안에서 확인할 수 있는 획기적인 정보 전달 수단이었다. 그려진 내용도 불교적이거나 무사의 활약 등 다채롭다. 현재까지 전해지고 있는 중세 시대의 요괴 관련 에마키로는 『쓰쿠모가미에마키(付喪神絵卷)』, 『슈텐도지에마키(酒呑童子絵卷)』, 『쓰치구모에마키(土蜘蛛絵卷)』 등을 들 수 있다. 『쓰쿠모가미에마키』는 연말 대청소 때 버려진 도구들이 요괴가 되어 인간들을 괴롭히고 결국에는 불교에 귀의하여 성불한다는 이야기이다. 『슈텐도지에마키』, 『쓰치구모에마키』는 미나모토노 요리미쓰(源頼光)의 활약을 그린 에마키로 불교의 감사함과 특정 인물의 무용담이다. 요괴가 등장하고는 있지만 주연 역할은 하지 못하고 있다. 요괴가 에마키에 언제부터 등장하기 시작했는지는 확실하지 않지만, 현존하는 것으로는 위에서 언급한 것들이 가장 오래되었다.

〈그림 1〉『쓰쿠모가미에마키』

〈그림 2〉『슈텐도지에마키』

〈그림 1〉은 도구 요괴인 쓰쿠모가미들이 스스로 신들을 기리는 제례행렬을 하고 있는 모습이다. 〈그림 2〉에는 미나모토노 요리미쓰가 거대한 요괴의 목을 치고 있는 장면이 그려져 있다. 이처럼 초기의 에마키에서 요괴들은 주연이 아닌 조연 역할로 등장하고 있다. 요괴들이 이러한 조연 역할에서 주연 역할로 바뀌기 시작한 것은 무로마치(室町)시대 『백귀야행에마키(百鬼夜行絵卷)』에서부터이다. 교토(京都)에 있는 절 다이토쿠지(大徳寺) 신쥬안(真珠庵)에 전해져오는 『백귀야행에마키』가 현존하는 가장 오래된 것으로 간주되고 있으나, 그 이전에도 존재했는지는 확인되지 않고 있다. 하지만 이 시대부터 요괴만을 테마로 한 본격적인 요괴 에마키가 시작되었다. 에도(江戸)시대에도 신쥬안 『백귀야행에마키』를 본 딴 수많은 요괴 에마키가 등장하였고, 신쥬안 계통과는 다른 에마키도 등장하기 시작하였다. 신쥬안 계통 요괴 에마키의 가장 큰 특징은 에마키에 본문이 전혀 없다는 것이다. 요괴의 이름, 요괴가 그려진 장면에 대한 설명 등이 전혀 존재하지 않는다. 그림으로만 전개되어 있어서 그림을 통하여 내용을 이해하고 정보를 밝혀낼 수밖에 없었다. 아직까지 독자들에게 요괴란 존재는 구체성이 없는 상상 속 이미지가 강했음을 알 수 있다.

하지만 에도시대에 들어와서는 요괴에 이름을 덧붙여 쓰거나, 서문이 들어간 에마키가 등장하기 시작한다. 시대가 흐를수록 요괴에 대한 정보가 축적되어가고 있음을 알 수 있다. 많은 서적을 통해 정보들이 수집되고 유통되면서 요괴에 대한 지식들도 증가하게 되었다. 이러한 지식이 기반이 되어 요괴에 이름을 짓고 요괴의 간략한 특징들을 기록하게 된 것이다. 이처럼 요괴에 관한 정보 축적에 의해 요괴를 세분화하여 하나의 독자적인 요괴 그림과 그 옆에 이름을 기록하는 『백괴도감(百怪図巻)』과 같은 요괴 분류 에마키라 할 수 있는 스타일이 유행하기 시작하였다. 그 후에는 요괴 분류 에마키의 서적판이라 할 수 있는 도리야마 세키엔(鳥山石燕)이 지은 『화도백귀야행(画図百鬼夜行)』이 간행된다. 육필로 하나하나 그려야 하는 두루마리 형식인 에마키와 달리 목판 인쇄 방법에 의해 대량으로 세상에 출판하는 것이 가능하게 되었다. 목판 인쇄 요괴 책의 출현은 요괴문화가 널리 퍼지게 된 획기적인 계기가 되었다고 할 수 있다.

〈그림 3〉『화도백귀야행』

〈그림 3〉은 야마와라와(山童)라는 요괴로 눈이 하나인 동안의 얼굴을 하고 있고, 온몸은 촘촘한 털로 가득하다. 다리가 길고 인간의 언어를 사용하며 그다지 해를 주지는 않는 요괴이다.

『화도백귀야행』에서는 개개의 요괴를 그리고 그 옆에 명칭만을 기록하고 있다. 그 후 발간된『화도백귀야행』의 속편인『곤쟈쿠화도속백귀(今昔画図続百鬼)』에서는 요괴의 명칭뿐만 아니라 요괴가 어떠한 특징을 가지고 있는지를 해설하고 있다.『곤쟈쿠화도속백귀』는『화도백귀야행』에 비해 훨씬 더 많은 정보를 독자에게 제공해 주고 있으며, 이후의 요괴 책은 이러한 구성으로 집필되기 시작하였다. 이처럼 요괴 그림과 요괴에 관한 해설을 첨부하는 방식은 요괴가 중심이 된 〈햐쿠모노가타리(百物語)〉로 그 전통이 이어져 간다. 원래 〈햐쿠모노가타리〉는 밤에 촛불을 켜고 여러 명의 사람이 1화부터 100화까지 괴이한 이야기를 하는 방식을 취한 일본 전통 괴담회이다. 100화의 괴이한 이야기가 끝나면 실제로 요괴나 유령이 나타난다는 일종의 놀이와 같은 이야기모임이다. 이러한 〈햐쿠모노가타리〉 중에서 요괴가 이야기의 중심이 되어 요괴 그림과 자세한 설명으로 표현하고 있는 것 역시, 이전 요괴 에마키와 요괴 책의 전통에서 시작되어 발전되어온 것이라 할 수 있다. 이와 같은 서술 방식으로 요괴를 그려낸 유명한 작품으로 국학자인 히라타 아쓰타네(平田篤胤)가 저술한 『이노모노노케로쿠(稲生物怪録)』를 들 수 있다. 이노부다유(稲生武太夫)라는 주인공이 친구인 곤파치(權八)와 100화의 괴담 이야기를 끝내자, 7월 1일부터 매일 밤 요괴가 집에 나타나고 기괴한 현상들이 일어나기 시작한다. 담력이 큰 부다유는 한 달간 기괴한 현상들을 일으키는 요괴들로부터 버텨냈고, 결국 모든 요괴들이 사라졌다는 이야기이다. 〈그림 4〉는 7월 1일 방의 장지문을 태우고 나타난 털투성이의 큰 몸을 한 요괴로, 담벼락에서 부다유를 잡으려 하고 있다.

〈그림 4〉『이노모노노케로쿠』

이처럼 일본 고전에서 보이는 요괴는 처음에는 조연의 역할에서 시작하여 주연의 역할로 바뀌어가고, 독특한 그림의 시각화된 이미지가 중심이었다. 단지 요괴를 그림으로 표현하는 것에 그치는 것이 아니라, 요괴에 대한 정보와 지식이 쌓여감에 따라 요괴의 명칭과 설명을 넣은 책, 나아가서는 요괴가 주인공인 이야기 구조를 가진 책들이 등장하게 된다. 요괴들은 더욱 다양해지고 요괴에 대한 정보 역시 확대되었던 것이다. 그와 함께 독자들은 더욱 요괴에 대한 정보와 지식을 추구하였고 요괴문화는 발전해 온 것이다.

큰 그림과 그 주변에 글을 넣는 방식의 '구사조시(草双紙)'란 장르가 에도시대 중기부터 유행하기 시작하였다. 일반 대중을 독자로 한 현재의 만화와 같은 장르로, 처음에는 아이를 위한 책이었으나 점차 어른들을 대상으로 한 책들이 출판되기 시작하였다. 18세기 후반부터 출판되기 시작한 어른용 구사조시는 '기뵤시(黃表紙)'라고 하는 이름으로 바뀐다. 지적 센스와 교양을 필요로 하는 위트적인 내용이 중심이며, 요괴가 등장하는 이야기들이 많이 제작되었다. 에도시대 요괴가 활발하게 활동한 무대는 '기뵤시'의 세계였다고도 할 수 있다. 위트와 웃음을 목적으로 한 '기뵤시'에 있어서, 유머스럽고 우스꽝스러운 요괴들은 매우 좋은 소재였다. 이전의 에마키나 요괴 계통의 책보다 훨씬 더 자유롭게 요괴를 표현하고 그려내며 스토리를 만들어갈 수 있게 된 것이다. 그에 따라 독자들은 더욱더 다양한 이야기와 요괴라는 소재를 즐기고 향유할 수 있게 되었다. 〈그림 5〉는 산토 교덴(山東京伝)이 쓴 『바케모노야마토혼조(化物和本草)』라는 작품으로 요괴들을 우스꽝스럽게 패러디하고 있다. 여성의 얼굴을 머리에 비녀를 꽂고 있는 게의 모습으로 익살스럽게 표현하고 있다.

〈그림 5〉『바케모노야마토혼조』

〈그림 6〉 요괴 도감 『바케모노즈쿠시』

또한 요괴를 그린 책뿐만 아니라, 요괴를 소재로 한 놀이들도 등장하게 된다. 목판화인 우키요에(浮世絵) 화가들은 '오모챠에(玩具絵)'라는 여러 색을 사용한 장난감 그림을 그리기도 하였다. 그 중에서 요괴를 중심으로 그린 장난감 그림을 '바케모노즈쿠시(化物尽くし)'라고 한다. 한 장의 큰 종이에 여러 요괴 들을 그린 것으로 현대의 『괴수도감』, 『포켓몬 도감』과 같은 요괴 도감이라고 할 수 있다. 또한 딱지나 카드 형식의 일본 전통 놀이인 '가루타(かるた)'도 요괴들만을 중심으로 하여 제작되기 시작하였다. 이처럼 에도시대 후기부터는 요괴에 관련된 놀이들이 등장하기 시작하여, 아이들도 쉽게 요괴문화를 접할 수 있게 되었다. 현재의 캐릭터 관련 카드, 피규어, 장난감, 게임 등의 원류가 이때부터 보이기 시작했다고 할 수 있을 것이다.

갓파(河童)와 이미지 산업

　일본 고전에서 보이는 요괴문화는 특히 에도시대에 들어와 발전하고 체계화 되었다. 앞서 보았듯이, 초기 에마키 그림에서 집단으로 등장하던 요괴들은 개개의 구체적 이미지로 그려지며 각각 독특한 특성을 가진 존재로 발전하기 시작했다. 여기에서는 수많은 요괴 중 일본을 대표하는 갓파를 보고자 한다. 일본에서 자연은 신이며 신에서 일탈한 존재를 요괴로 보아 왔다. 일본에는 무수한 강과 늪이 존재하며, 이러한 자연들은 농업을 기반으로 하던 그들에게 중요한 삶의 터전이었다. 하지만, 태풍이 오거나 수해를 입으면 이러한 터전이 지옥으로 바뀌게 된다. 요괴 발생에서도 설명했듯 이러한 자연재해를 일으키는 존재는 요괴였다. 이 지옥에는 요괴가 숨어 살고 있으며 인간을 괴롭히거나 심지어 죽음에 이르게 만든다. '갓파'는 이러한 강과 늪에 살고 있는 요괴이다. 일본 각 지역에 다양한 갓파 전설이 있는 것 역시, 물과 관련된 강과 늪이 가장 인간과 밀접한 공간인 동시에 쉽게 공포의 공간으로 변하는 곳이기 때문이다.

〈그림 7〉 갓파

'갓파'는 전국 각지에 분포하는 물의 요괴이며 관동지방의 방언인 '가왓파(カワッパ)'가 어원이다. 일본 전역에 등장하는 요괴이므로 불리는 명칭도 각 지역에 따라 다르다. 머리에 접시가 있거나, 아이의 모습을 하거나, 거북이나 자라의 모습을 하고 있는 등, 그 모습도 각 지역마다 다양하다. '갓파'의 기원에 대해서도 풀로 만든 인형이라는 설, 물의 신이 영락하여 갓파가 되었다는 설, 아시아 대륙에서 도래하여 토착화되었다는 설 등이 있다. 인간으로 빙의하거나, 사물로 변신하거나, 인간의 일을 도와주는 등 지역마다 '갓파'의 특성도 상이하다. 하지만 전국적으로 공통적인 특징도 가지고 있다. 그것은 엄청난 스모광이며 오이와 같은 여름 야채, 사람의 간이나 항문을 좋아한다는 것이다. 사람

의 간을 좋아하는 것은 옛 일본인들의 관찰력에서 나온 것이다. 익사한 사체는 배가 부풀어져 항문이 열려 있다. 이러한 끔찍한 모습을 보고 '갓파'가 항문으로 손을 넣어 사람의 장기를 꺼내려 했다고 상상했던 것이다. '갓파'의 난폭함을 익사사고와 관련시켜 생각했던 것이다. 스모와 오이를 좋아하는 것은 '갓파'가 '물의 신'으로서의 성격을 가지고 있기 때문이다. 예부터 스모는 단오나 칠석에 하던 종교행사로 동서의 대표자가 풍년과 흉년을 걸고 스모를 하였다. 스모는 '신'과 '물의 정령'의 싸움으로도 여겨져 신이 물의 정령, 즉 '갓파'를 이기면 풍부한 농수 공급을 약속받았다고 한다. 오이 등도 첫 여름 야채로 '물의 신'에게 바치던 공물이었다. 이처럼 '갓파'라는 요괴는 수신(水神)신앙과 매우 밀접하게 연관되어 있으며, 그 특징 역시 물의 신과 관련된 것이 많다. '갓파'를 기리는 마쓰리(축제) 등이 일본 각지에서 행해지고 있는 것 역시, 물의 신인 '갓파'를 기려 농경에 필요한 충분한 물을 확보하기 위해서였다.

  이러한 '갓파'가 근현대에 이르러서는 '물의 신'과의 관련성 보다는 일본인에게 매우 친숙한 캐릭터로 다가 오게 된다. 물론 여전히 '갓파'가 가지고 있는 괴이스럽고 공포스러운 이미지도 계속되고 있지만, 일본 사회에 스며들어 인간과 함께 공존하는 귀여운 애완동물과 같은 모습으로도 나타나기 시작했다. '갓파'는 문학, 만화, 드라마, 영화, 캐

릭터, 상품 등 다양한 영역에서 활동하게 된다. 문학 작품으로는 아쿠타가와 류노스케(芥川龍之介) 『갓파』가, 만화로는 미즈키 시게루(水木しげる) 〈갓파 산페이(河童の三平)〉가 유명하며, 근래 개봉된 애니메이션으로는 〈갓파쿠와 여름 방학을〉, 영화로는 〈데쓰 갓파(デスカッパ)〉 등이 있다.

〈갓파쿠와 여름 방학을〉에서 등장하는 갓파는 매우 사랑스러운 한 가족의 일원으로 그려지고 있다. 에도시대 강을 개척하려는 관료에게 아버지 갓파는 공사를 멈출 것을 간곡히 부탁한다. 하지만 관료는 아버지 갓파를 죽이게 되고, 그 순간 지진이 일어나 아이 갓파는 화석이 되어 버린다. 시대는 현대로 바뀌어, 고이치라는 초등학생이 하굣길에 화석이 된 아이 갓파를 우연히 주워 집으로 가져 온다. 그 화석을 물에 담그니 갓파는 잠에서 깨어나고, '쿠'라는 이름까지 지어주며 고이치 가족과 함께 생활하게 된다. 가족과 함께 살며 생기는 여러 에피소드, 가령 고이치 여동생이 키우던 곤충을 잡아먹거나, 갓파와 스모를 하거나, 갓파를 본 연인이 줄행랑을 치는 장면 등이 삽입되어 있다. 귀여운 갓파의 이미지로 그려지고 있지만, 일반인에게는 여전히 공포스러운 존재이기도 하다. 그 후에 갓파의 고향을 함께 여행하면서, 세상에 알려져 방송에 출현해 위기에 빠지기도 하지만, 죽은 아버지의 도움으로 위기를 극복하게 된다. 결국 갓파쿠는 오키나와에서 온 편지를 받고 다른 요괴들이 살고 있는 곳으로 떠나게 된다. 이 애니메이션에서도 갓파는 오이와 스모를 좋아하고 접시 모양의 머리가 마르면 힘이 빠진다고 하는 갓파가 가지고 있는 공통적인 특징들을 그려내고 있다. 하지만 인간을 괴롭히는 무서운 존재가 아닌, 한 가족과 공존하고 소통하는 현대적 요괴 이미지로 그려지고 있다. 그에 반해 〈데쓰 갓파〉에서는 갓파가 인간을 도와주는 선(善)의 괴수로 그려져 악인이나 악의 괴물들을 물리친다. 일본 괴수 영화, 특촬 영화의 한 소재로 갓파를 등장시키고 있다. 이 영화에서는 갓파가 가지고 있는 전통적 이미지는 중요하지 않다. 인간 세상에 출현하여 인간을 구하는 거대한 고질라와 같은 존재로 변형되고 있는 것이다. 하나의 괴수 캐릭터로서의 갓파가 재탄생되고 있는 것이다.

　이처럼 갓파는 현대 일본사회 특징의 하나인 귀여움을 추구하는 문화 안에서 가와이이(かわいい) 요괴로 등장하기도 하고, 그와는 정반대의 모습인 괴수캐릭터로서 그려지기도 한다. 이와 같은 이미지를 활용하여 갓파를 이용한 다양한 상품들이 생겨나 갓파 명칭을 사용한 상호명, 상품명 등을 흔히 볼 수 있게 되었다. 회전 스시 체인점인 '갓파 스시(かっぱ寿司)', 우리나라에서는 새우깡으로 유명한 '갓파 에비센(かっぱえびせん)', 이와테현(岩手県) 도노시(遠野市)의 지역 캐릭터 등이 그 대표적이라 할 수 있다. 이처럼 갓파는 현재에 이

르러서도 그 생명력을 계속 유지하고 있다. 애니메이션이나 영화의 소재에 그치지 않고, 문화적 상업적 가치를 가진 중요한 이미지 산업의 캐릭터로 그 힘을 발휘하고 있다. 이러한 이미지 산업은 에마키에서 출발하여, 에도시대 그림책인 기보시와 같은 요괴 책이 존재 했기에 가능했다고 할 수 있다.

〈그림 8〉 도노시 지역 캐릭터

〈그림 9〉 갓파 스시

요괴 사냥과 문화 산업

　요괴의 왕이라 여겨지는 미코시뉴도(見越入道)의 손자인 두 부동자승 요괴가 에도 도시에 나타나기 시작하였다. 에도 시대 도시문화의 발달, 경제 성장에 의해 에도라는 도시 공간은 인간에게 쾌락의 공간이자, 요괴가 접근하기 어려운 인간 세계였다. 많은 인간이 사는 도시 공간은 요괴가 쉽게 접근할 수 없는 장소였다. 하지만 두부동자승은 비가 부슬부슬 내리는 밤이 깊어지는 시기에 대나무 삿갓을 쓰고, 단풍 모양이 들어간 두부가 놓인 접시를 들고 도시 이곳저곳을 배회한다. 초기에는 머리가 큰 두부동자승이 일반적이었으나, 눈이 하나인 두부동자승이 등장하는 등, 더욱 골계적으로 나타나기 시작하였다. 두부동자승이 들고 있는 두부는 부드럽고 맛이 좋으나 그것을 먹고 나면 온몸에 곰팡이가 슬어 죽는다고 한다. 하지만 에도시대 그림책의 이야기에는 인간에게 해를 주기보다는 인간을 좋아하는 소심한 장난꾸러기로 자주 등장한다. 현재의 〈도라에몽〉,〈포켓몬스터〉,〈요괴워치〉의 요괴들처럼 인간과 친숙한 존재인 것이다. 이러한 귀여운 이미지의 요괴들이 캐릭터화 되고 많은 상품이 개발되어 경제적 가치가 창출되고 있다. 도시로 흘러들어와 인간과 함께 공존하는 귀여운 요괴, 그것이 현재 우리 주위에서 함께 살아가는 수많은 캐릭터들이라 할 수 있다.

〈그림 10〉 두부동자승

 이처럼 인간과 친숙하고 도시에 숨어 사는 요괴가 있는 반면에, 여전히 인간에게 공포를 주며 인간 사회에서 쫓아내야 할 존재로 여겨지는 요괴도 있다. 현대를 살아가는 우리에게도 과학적으로 설명하기 어려운 많은 비현실적 현상이나 사건이 일어나고 있다. 이러한 현상을 우리는 유령, 귀신 등의 소행으로 믿고, 그러한 존재들을 퇴치하기 위해 무당이나 퇴마사들은 주문을 외우며 굿을 하거나, 신부님들은 십자가를 들고 주기도문을 외운다. 요괴는 인간에게 공포심을 주고 악행을 저지르기도 하기에 당연히 퇴치되어야 할 존재인 것이다. 고대시대에는 요괴를 퇴치하는 방법으로 먼저 요괴의 정체를 파악하고 요괴를 쫓기 위한 부적 등을 사용하였다. 또는 요괴가 싫어하는 방법을 사용하거나 주문이나 경문을 외워 쫓는다. 이처럼 요괴를 쫓거나 잡는 요괴 퇴치, 요괴 사냥 문화는 현재까지 그 전통이 이어지고 있다고 할 수 있다.

〈진격의 거인(進擊の巨人)〉이라는 만화를 보면 징그러운 모습의 거인, 즉 거대화된 요괴가 인간의 도시를 습격하고 인간을 잡아먹는다. 성 안에서 거인의 습격에 대비하며 살아가는 주민들은 거인에 대한 공포로 인해 성 밖을 나갈 생각조차 하지 않는다. 에도시대 요괴들 중에도 인간의 일부분을 먹거나 시체를 먹는 요괴가 존재했다. 하지만 현대의 거대화된 요괴는 직접 인간을 사냥하며 인간에게 극도의 공포심을 느끼게 한다. 결국 에렌, 미카사란 주인공이 중심이 된 군대가 거대화된 요괴를 퇴치하기 위해 성 밖으로 진격한다. 전통적 요괴 퇴치 방법인 요괴의 정체를 알고 약점을 알기 위해 그들은 거인과 정면으로 대결한다. 결국 거인의 뒷목이 약점임을 알아내어 거인들을 퇴치해 간다. 여기에 그치지 않고, 고대시대에 요괴가 인간에 빙의하듯, 에렌은 거인의 몸 속에 들어가 거인과 빙의한다. 이러한 설정 역시, 요괴문화와 관련성이 있다고 볼 수 있을 것이다.

<그림 11> 갓파 포획 허가증

　〈진격의 거인〉에서 보이는 요괴의 모습이나 요괴 퇴치는 만화나 애니메이션이 가지고 있는 재미를 극대화시키기 위해 다소 과격하게 표현되고 있다. 게임이나 이미지 산업과 관련시켜 보면 요괴를 잡는 행위가 인간에게 큰 쾌락을 주기도 한다. 가령 앞에서 보았던 이와테현 도노시의 캐릭터인 '갓파'도 그 지역 캐릭터로만 유명한 것이 아니라, 도노시 관광협회에서 일 년 단위로 발급하는 '갓파 포획 허가증'으로도 유명하다. 물론 실제 갓파를 잡기 위한 허가증이라기보다는 하나의 관광 상품 전략이다. 하지만 요괴라고 하는 실존하지는 않지만, 이미지가 구체화된 불가사의한 존재를 포획할 수 있는 허가증을 받는다는 것은 매우 흥미

로운 경험이 아닐 수 없다. 이러한 요괴 퇴치 문화는 게임 산업에도 영향을 주고 있으며, 그것이 전 세계적으로 인기를 끌었던 〈포켓몬GO〉이다. 실제 현실 공간 안에 존재하는 이미지화 된 요괴들을 잡아 힘을 키워가는 증강 현실 모바일 게임이다. 〈포켓몬스터〉에 등장하는 여러 캐릭터들을 현실 안에 등장시켜, 게임을 하고자 하는 이들은 그 캐릭터들을 잡기 위해 움직이며 쫓아야 한다. 이러한 현대 게임에서도 요괴 퇴치라고 하는 일본 전통 요괴문화가 여전히 힘을 발휘하고 있음을 알 수 있다.

이처럼 고대에서부터 시작된 요괴문화는 일본의 근대화 이후에도 단절되지 않고 여전히 지속되고 있다. 요괴 에마키에서 시작되어, 요괴 책, 요괴 만화 그림책인 기뵤시 등을 거쳐, 현대에 이르러는 만화, 애니메이션, 영화의 소재로, 또는 캐릭터, 게임 산업으로 발전하고 있다. 이러한 문화 산업에는 단순히 요괴가 가지고 있는 이미지만을 이용하고 있는 것이 아니라, 각각의 요괴가 가지고 있는 특징을 정확히 이해하여 고대에서부터 뿌리 내려온 요괴문화의 특성을 현대에도 잘 투영시켜 발전시키고 있는 것이다. 요괴문화는 일본문화, 경제, 사회를 지탱하고 있는 이미지 산업의 거대한 콘텐츠라 할 수 있을 것이다.

언젠가 요괴와 조우하는 순간, 나의 이 글들이 작게나마 도움이 되길 바란다.

■ 참고문헌

- アダム・カバット, 『大江戸化物図譜』, 小学館, 2000.
- 小松和彦, 『妖怪学新考』, 小学館, 2000.
- 『図説 怪談』, 学研パブリッシング, 2013.
- 『図説 百鬼夜行絵巻をよむ』, 河出書房新社, 2007.
- 『図説 妖怪画の系譜』, 河出書房新社, 2009.
- 『鳥山石燕 画図百鬼夜行』, 国書刊行会, 1992.
- 『日本妖怪大事典』, 角川書店, 2005.
- 『平田篤胤が解く 稲生物怪録』, 角川書店, 2003.
- 『水木しげると日本の妖怪』, NHKプロモーション, 1993.
- 『妖怪見聞』, 茨城県立歴史館, 2011.
- 『妖怪の本』, 学習研究社, 1999.

5. 문화콘텐츠로서 요괴의 가능성과 한계*

박희영

* 이 글의 내용은 『일본근대학연구』 50집과 『일본학보』 107집에 게재된 필자의 두 논문 「일본문화 속의 요괴의 다양성과 이미지의 함의 연구」, 「요괴의 문화콘텐츠로서의 가능성과 한계」를 바탕으로 본서를 위해 대폭 수정한 것이다.

박희영

요괴와의
공존의 시대

　예전에도 지금 이 순간에도 사람들은 문화를 지속해서 만들어 왔고 그것을 공유하고 함께 소비하여 왔다. 바야흐로 문화의 시대라 할 수 있을 정도로 사람들은 문화와 떨어져서는 한시도 살아갈 수 없을 것이다. 그만큼 사람들이 소중하게 간직하고 가꿔나가야 할 자산인 것이다. 문화는 시간과 더불어 사람들이 소비하지 않으면 사라지기도 하고 때로는 새로운 형태로 창조되면서 그들만의 자취를 남겨왔다. 그러면서 다양한 형태로 그들만의 문화원형과 전통적 가치를 축적해 왔던 것이다. 오늘날 그렇게 축적된 문화는 상품화되어 판매되기도 하면서 문화콘텐츠를 향한 관심과 주목도는 그 어느 때보다 증대되고 있는 중요한 시기를 맞이하고 있다.

　특히 21세기 "문화콘텐츠 상품은 물질적, 경제적인 가치를 중시하는 일반상품과는 달리 특정 국가나 지역이 보유하고 있는 특수한 문화나 역사적인 특성에서 유래한다"[1]고 할 수 있다. 또한 일반 상품과는 달라서 사람들의 심리적, 정서적 만족감을 지향하여 문화소비자의 감성을 자극시켜야 한다고 할 수 있는데, 그러기 위해서는 같은 문화권 안에 이미 폭넓은 동질감과 공감대가 형성[2]되어 있어야 할 것이다.

그러한 측면에서 일본은 다른 어떤 국가나 지역보다 그들만의 독특한 전통적 문화원형을 효과적으로 이용하여 문화콘텐츠로 창출하고 있다고 평가받는다. 창출되어온 문화유산을 잘 보전하고 전승하여, 오랜 기간 축적되어온 소중한 전통적 문화원형을 지키고 재창조해 낸 것이다.

일본 내에 다양한 전통적 가치를 담은 문화원형들이 존재하겠지만, '일본의 요괴'는 그 중에서도 중요한 위치를 점하는 요소로서 자리매김해 왔다. 일본 요괴의 상징성과 존재감은 시대와 더불어 더욱더 그 빛을 발하고 있는데, 현대 일본 사회에서 일본인들이 지속적으로 보내고 있는 요괴와 관련된 문화와 문화콘텐츠에 대한 관심과 열풍은 그것에 대한 반증이라 할 수 있을 것이다. 예를 들어 일본인들이 향유하는 영화, 만화, 애니메이션, 연극뿐만 아니라 다양한 종류의 캐릭터 상품 등에 이르기까지 '요괴문화콘텐츠'[3]는 각양각색의 형태로 그 뿌리를 내리고 있다.

이러한 풍요로운 요괴문화의 붐 속에서 이들에 대한 연구도 이전보다 더욱 활발하게 진행되어 왔다. 하지만 대부분은 요괴의 이미지와 문화원형, 그리고 문화콘텐츠로서의 가능성 등에 대한 긍정적인 현상들에 대한 입증에 머무르고 있다. 그래서 이 글에서는 그러한 과정 속에서 부딪히게 되는 한계와 문제점을 살펴보고 앞으로의 가능성을 한층 높이고자 하는데 주안점을 두고자 한다.

따라서 먼저 일본문화콘텐츠의 현재를 통하여 문화콘텐츠를 만들어내고 그것을 소비하고 발신해 왔던 일본 내의 흐름과 움직임을 살펴보고, 그 과정에서 드러나는 보이지 않았던 문제점과 방안에 대하여 생각해 본다. 더불어 구체적으로 요괴가 어떻게 일본 문화콘텐츠의 주축으로 위치하게 되었는지에 대한 근거를 찾아본다.

현대 일본문화 속에서 이와 같이 주기를 이루며 불고 있는 '요괴문화 붐'이라는 미명하에 요괴를 단순히 흥미와 재미를 주는 희화화된 존재, 또는 문화산업적인 측면에서 부수적인 상품 콘텐츠와 캐릭터적인 존재로밖에 여기지 않게 되어 부가가치 창출이라는 거대 자본의 논리에 의한 상업적인 도구의 하나로 인식되며 지나가고 있는 것은 아닌지 다시 한 번 생각해 볼 때라 생각한다. 즉 요괴라는 존재의 의미 찾기에서 요괴라는 존재의 도구적 쓰임새의 창출에만 머무르지 않고, 요괴문화의 이미지 원형에 대한 근원적인 탐색이 더불어 모색되어야 할 지금이 아닌지 조심스럽게 생각해 본다. 본질을 보지 못한 채 지속적인 문화 소비만을 통한 한계점을 맞이하기 전에, 다양한 형태와 방법을 통한 요괴 존재 자체에 대한 보다 구체적인 인식적 접근방법과 다양한 관점에서의 해석과 분석이 필요하다고 할 수 있다.

두 번째로 오래전부터 이어져 온 '일본인들과 요괴의 공존 방식과 그 형태'를 중심으로 요괴에 대한 본질적인 의미의 단초를 만들고자 한다. 일본인들에게 시대별로 인식되어 왔던 요괴의 이미지와 그 흐름을 확인하여 기본적인 요괴관을 정립하고, 이를 통하여 일본인과 요괴의 접촉방식과 시간적, 공간적 특수성에 대한 논의를 이끌어 내고자 한다. 그리고 요괴를 집단적 접촉방식과 개별적 접촉방식으로 구분한다. '백귀야행(百鬼夜行)'[4]이라는 특수한 요괴들의 등장방식과 교류 방식에 주목하여 이에 대한 분석을 통하여 '백귀야행'이 가져오는 의미와 변화를 찾아보고자 한다. 다음으로 설화와 모노가타리(物語), 그리고 에마키(絵巻) 속에 등장하는 '백귀야행'의 이야기를 추출하여 그 쓰임새를 알아 볼 것이다. 그리고 현대일본문화 속에서 '백귀야행'의 다양한 모습과 이미지들을 애니메이션 〈폼포코 너구리 대작전(平成狸合戦ぽんぽこ)〉, 〈센과 치히로의 행방불명(千と千尋の神隠し)〉과 만화 〈백귀야행(百鬼夜行抄)〉을 통해 그 존재의 미를 증명하며 어전히 살아 숨 쉬고 있는 '백귀야행'의 현

대적 변용과 이미지를 살펴보고자 한다. 그리고 마지막으로는 이러한 요괴의 문화콘텐츠가 지니는 내재적 한계와 향후 그것을 극복할 수 있는 대안과 전망에 대하여 조망하여 앞으로의 문화콘텐츠의 가능성을 보다 증진시키고자 한다.

일본문화콘텐츠의 현재와 활용방안

일본문화콘텐츠의 현재와 문제점

오랜 기간 동안 일본은 문화콘텐츠 발신의 선진국이었다. 전후 저팬머니를 통한 자본력은 문화를 통한 그들의 지배적 확장을 꿈꾸어 왔다. 결국 일본 제국주의의 또 다른 형태라 볼 수 있는 문화제국주의라는 변형된 모습으로 나타나게 되는데, 이는 동아시아를 비롯하여 전 세계로 확장된다. 하지만 이렇게 절대적인 문화적 영향력을 끼쳐왔던 일본의 문화콘텐츠가 조금씩 그 빛이 바래져 최근에는 예전과는 같지 않은 양상을 띠고 있다는 것도 무시할 수 없는 작금의 현상[5]이라 할 수 있을 것이다. 이러한 상황에 위기의식을 감지하고 이를 막고자 일본 내에서도 보다 적극적이고 긍정적인 움직임이 일어나기 시작하였다. 그간 일어났던 여러 가지 행위 중에서 대표적인 것을 들자면 2004년 '콘텐츠의 창조, 보호 및 활용촉진에 관한 법률'의 제정과 '쿨 저팬(Cool Japan)전략'[6)]이라 할 수 있다.

일본 정부가 위기위식을 감지하고 문화콘텐츠의 소생과 부활을 위하여 법률적, 제도적 방식을 통해 본격적으로 뒷받침하고 나서기 시작하였던 것이다. 이에는 2000년 이후 물밀듯이 쏟아져 들어온 '한류'에 대한 경계와 더불어 지금까지 문화콘텐츠 발신과 창출방식에 대한 진지한 고민과 반성에서 나온 일련의 움직임이라 할 수 있을 것이다.

일본의 문화콘텐츠 산업은 기본적으로 안정된 작가층과 매니아층을 기반으로 하고 있으며, 특히 만화나 애니메이션, 게임, 캐릭터 산업 등이 발달되어 있었다. 하지만 일본은 성장산업 중에서도 문화콘텐츠 분야를 보다 강화하고 이전보다 연구 및 개발 지원을 강화하고자 기존의 다소 소극적이던 자세에서 벗어나 '소프트 파워'란 새로운 개념을 도입하여 문화콘텐츠 산업에 접근하고 있다. 그리하여 상업적인 이익 외에 국가 이미지 제고와 국제 경쟁력의 강화를 염두에 두고 국가적인 차원에서 지원을 계속하고 있다.[7)]

그렇다면 이러한 국가적 차원의 문화콘텐츠 지원이 어떠한 가시적인 성과를 거두고 있는지 일본 콘텐츠 전면 해외

수출 전략인 쿨 저팬의 최근 동향을 통하여 구체적으로 파악해 보자.

아베 신조(安倍晋三) 총리는 2013년 내각에 쿨 저팬 전략담당 대신을 신설하고 경제산업성에 쿨 저팬실을 설치했으며, 2015년도 예산으로 약 9억 달러를 배당하며 일본 콘텐츠 산업의 해외진출 지원을 약속하였다. 하지만 이와 관련하여 최근에 KOTRA 자료[8]를 살펴보면 다음과 같은 기술이 있어 주목을 끌고 있다.

KOTRA에 따르면 "2012년 일본 경제산업성이 발표한 '쿨 저팬 추진사업'은 총 15건이지만 이 중 콘텐츠 문화와 직접 연관돼있는 사업은 7건에 불과하였고, 오히려 J리그 축구교실, 지방특산품 판매 등 기타 사업에 보조금이 대량 투입돼 있는 상황이라 향후 '쿨 저팬 전략'은 대폭 방향 수정이 필요할 것"으로 전문가는 지적하고 있다. 이는 현실을 제대로 직시하지 못하고 아직까지 실질적인 의미를 지니지 못한 선언적 효력에 지나지 않고 있음을 방증하는 하나의 사례라고 할 수 있을 것이다. 이것만으로 쿨 저팬 전략이 실패했다고 볼 수는 없지만 향후 어떠한 형태로 보완되어 진행되어 나갈지는 지켜봐야 할 일이다.

문화콘텐츠와 문화원형으로서 요괴의 활용

 문화의 경계선이 점점 무너지는 지금 문화캐릭터 상품에서 그들의 정체성과 국적이 무의미해져 가고 있다. 이러한 움직임은 방대한 수익을 획득하기 위한 글로벌 문화콘텐츠 기업들의 문화산업적 측면에서의 전략적 선택이었다. 하지만 이와 같은 전략적 선택과 더불어 최근에는 각국의 전통적 문화원형을 소재로 차용하여 전통문화가 문화콘텐츠의 경쟁력을 강화시키는 방식이 각광 받기 시작했다. 각국에서 아직 발굴되지 않고 남아있는 전통적 문화원형은 21세기에 들어서 무한한 문화콘텐츠를 창출할 수 있는 보물창고로 인식되기 시작했던 것이다.

 일반적으로 문화콘텐츠 상품을 만들어 낼 때 가장 중요하고 어려운 것이 소재발굴이다. 지금까지 각국에서 이러한 전통적 문화원형을 이용한 문화콘텐츠 상품을 개발하지 않았던 것은 아니었다. 하지만 지속적이고 체계적이지 않은 형태의 문화콘텐츠 상품 개발은 일회성으로 그칠 뿐이었고 더 이상의 가치는 만들어 내지 못했다. 현실은 그다지 낙관적이지 않았고 전통적 문화원형 또한 쉽게 발굴할 수 있는 것이 아니었다.

 하지만 일본의 경우 전통적 문화원형을 통한 문화콘텐츠의 창출과 확산이란 부분에서 오래전부터 뛰어난 능력을 보여 왔는데, 최근 들어 이러한 분위기와 함께 그들의 문화콘텐츠 창출방식과 확산방식이 더욱 주목받고 있다. 전통적 문화원형에서 모티브를 선별해 현대적으로 재해석하여 문화콘텐츠 상품으로 내놓는 그들만의 방식은 이미 독보적인 수준에 이르렀다고 해도 과언이 아니다. 즉 일본이 문화콘텐츠 상품으로 가장 자신 있어 하는 만화, 애니메이션, 게임, 캐릭터 상품 등이 주변 동아시아 국가뿐만이 아니라 전 세계에 미치는 영향력은 상당한 수준에 이르렀다고 평가할 수 있을 것이다.

이와 같이 일본이 문화콘텐츠에 접목시키는 전통적 문화원형은 폭넓은 형태로 존재한다고 할 수 있는데, 이 글에서는 범위를 한정하여 일본의 전통적 문화원형의 한 요소로 '일본의 요괴문화'에 주목하여 일본만의 문화콘텐츠 창출과정을 간단히 설명하고자 한다.

현대 일본문화 속에서 요괴문화는 놓칠 수 없는 중요한 요소라 할 수 있다. 괴기, 괴담문화 열풍에 수반되는 30여 년간의 지속된 '요괴문화 붐'은 이러한 움직임에 대한 반증이자 좋은 실례이다. 요괴문화에 대한 사람들의 관심과 흥미가 증대되면서 각지에서 요괴관련의 특별 행사 및 기획전이 기획되고 열리면서, 그 열기가 점점 확산되어 가고 있는 추세이다. 이외에도 다양한 일본의 만화, 애니메이션, 그리고 영상 미디어를 통하여 요괴 캐릭터가 대거 출현하는 등 문화 재생산이라는 측면에서의 상징적 의미와 문화산업적 측면에서의 가치 및 활용도가 무궁무진하게 그 범위를 넓혀가고 있다. 이와 같이 수많은 문화콘텐츠들이 요괴문화와 직간접적으로 밀접하게 연관되어 있다는 것은 흥미로운 사실[9]이다.

이를 적극적으로 이용한 실례로 일본과 한국에서 어린이들을 중심으로 폭발적인 인기를 구가하고 있는 〈요괴워치(妖怪ウォッチ)〉[10]란 문화콘텐츠를 통해 요괴의 효과적인 활용방식을 확인해 볼 수 있다. 요괴워치의 문화콘텐츠로서의 전개와 확산방식[11]을 구체적으로 살펴보면 다음과 같다.

KOTRA의 리포트에 의하면 "일본 인기콘텐츠 요괴워치는 이미 국내 시장 진출을 개시하여 미디어 믹스와 광범위한 관련 상품 출시로 내수시장에서 인기몰이 중이다. 다시 말하자면 애니메이션 요괴워치가 국내 방영을 이미 개시하였고, 요괴메달 및 요괴워치를 비롯한 각종 캐릭터 상품 판매를 시작하며 요괴워치의 국내 시장 공략은 이미 상당부분 이루어졌다. 이와 같이 〈요괴워치〉의 성공 비밀은 게임을 주축으로 만화, 애니메이션, 완구, 영화 등으로 콘텐츠를 전개하는 미디어 믹스 전개를 통한 적극적인 어필이 통하였기 때문이다. 또한 이와 더불어 현실 세계에서도 요괴워치를 즐길 수 있도록 관련 이벤트, 테마파크에 관련 놀이기구 배치, 각지에서 전시회 개최 등 다양한 즐길 거리를 구성한 것도 미디어 믹스 전개의 하나"라고 언급하고 있다.

하지만 이와 같이 주기를 이루며 불고 있는 '요괴문화 붐'에 편승하여 관련된 문화콘텐츠 상품의 개발과 판매에만 집중하는 것이 과연 제대로 된 문화원형의 이용과 향유인지에 대해서는 생각해 볼 필요가 있다.

따라서 일본의 문화콘텐츠를 중심으로 자리매김하고 있는 일본의 요괴문화현상의 심층을 파악하기 위해서는 단순히 붐이나 열풍정도로 머무를 것이 아니라, 요괴문화의 기층에 흐르는 전통적인 요괴문화원형에 대한 종합적인 시좌와 천착이 필요하다.

요괴와 일본인과의 공존방식 – '백귀야행'을 중심으로

요괴연구의 시대별 흐름과 인식의 전환

앞서도 언급했지만 오늘날에 이르기까지 오랜 기간 동안 괴기, 괴이에 대한 지속적인 관심과 이에 수반되는 '요괴문화 붐'이 있었고, 이에 대한 구체적이고 실증적인 논증을 통한 요괴연구를 학술적으로 진행하는데 몇 가지 문제점을 내포하고 있었다. 첫 번째로 양적인 부분에서 말하자면 연구자의 수가 상당히 부족하다는 현실이다. 요괴연구는 현재로서는 아직 요원한 단계로 몇몇의 개별 연구자들의 관심에서 각각의 연구를 수집하고, 정리하고 있는 단계에 머물러 있는 수준이다. 하지만 대중문화를 선도하는 많은 사람들이 인정하고 있는 것처럼 그 수는 그다지 많다고 할 수는 없지만, 거시적인 측면에서 요괴연구의 착실한 성과가 꾸준히 쌓여가고 있음은 분명하다고 할 수 있다. 두 번째로 연구자들 간 인식적인 면에서의 충돌과 갈등도 요괴연구의 진척을 방해하는 요소의 하나로 자리매김하여 왔다는 것이다. 이는 전문적인 분야들 간의 여러 가지 사정과 환경이 상이하기 때문이라고 여겨지지만, 요괴에 대한 연구를 학술적인 분야의 대상으로 다루지 않고, 주술적이거나 초현실적인 존재 연구와 같은 환상적 개념으로 취급하려는 선행연구의 흐름이 있었기 때문이다.[12]

지금까지의 연구는 문학으로서의 일본 괴기, 괴담물 분야 속의 요괴와 일본 민속학 분야 속의 요괴라는 개별적인 장르로서 진척되어 왔다. 다시 말하자면 서로의 분야에 대한 깊은 이해와 상보적인 마인드가 아닌, 하나의 부수적인 연구형태로서 인식되어 그 한계점을 지니고 있었다는 것이다.

이러한 학문적 토양에도 불구하고 최근에 이르러 일본 괴담물 속의 요괴들과 일본 민속학의 요괴들 간의 연구를 접목시켜 연구하고자 하는 환경이 점차 조성되기 시작하여 좋은 결실을 맺기 시작하였다. 최근 수년간의 일본 괴담물과 민속학의 요괴연구는 융합적 연구특징을 드러내며 새로운 인식이 괄목하게 성장하여 가고 있음을 보이고 있는 것은 주목할 만한 점이라 할 수 있다. 이와 같이 조성된 최근의 연구 분위기가 가져온 거시적인 관점에서의 일본인들의 시대별 요괴관을 정리해보면 다음과 같다.

고대 일본인들에게 요괴는 근원적인 공포와 두려움을 조장하여 고대인들의 삶과 생활에 위해를 가하는 존재로서 인식되어 퇴치해야 할 대상으로 여겨지거나, 한편으로는 경외하고 숭배해야 할 대상으로서도 모셔지기도 하였다. 그리고 나라(奈良)시대 이후 요괴라는 존재는 다양한 문헌에 갖가지 명칭으로 기록되기 시작하는데, '오니(鬼)와 모노노케(もののけ)'등과 같이 요괴라고 직접 언급하고 있지는 않지만, 지금의 요괴라는 의미로 사용되어 왔음을 확인해 볼 수 있다. 현재 일본인들이 인식하고 있는 요괴라는 명칭과 형상으로 분명하게 위치를 점하게 된 것은 헤이안(平安)시대 이후였다.

〈백귀야행(百鬼夜行)〉

중세시대에 이르러 요괴는 그 명확한 실체를 알 수 없던 미지의 존재에서 그 뚜렷한 실체를 구현하는 존재로 변화해 가는 시기이다. 특히 음양사(陰陽師)와 무사들의 눈부신 활약이 눈에 띄던 시기라고도 할 수 있는데, 당시 유명했던 음양사로 아베노 세이메이(安倍晴明)[13]가 있다. 그의 활약은 당시 일본인들의 마음속에 자리 잡은 요괴에 대한 불안과 두려움으로 인해 생기는 공포적 심상을 '퇴치 가능한 존재'라는 인식적 전환의 계기를 마련하였다는 점에서 그 의의를 둘 수 있다. 이러는 와중에 요괴들의 행렬인 '백귀야행'이라는 개념이 생겨나고 요괴는 광범위하게 확장되어 새로운 등장형태를 띠기 시작한다.

'백귀야행'의 상징적 의미와 요괴의 등장방식

그렇다면 요괴는 언제 어디에서 어떠한 목적과 방식, 형태로 그 실체를 드러내고 있는 것일까 다시 한번 짚고 넘어가 보자.

이 글[14]을 통하여 이미 "요괴와 일본인의 접촉양상은 이계(異界)에서만 발생하는 것이 아니라, 현실공간에서 이계로, 이계에서 현실공간으로 경계를 사이에 두고 서로 교차하여 넘나드는 구조를 지니고 있음을 확인할 수 있었다. 따라서 이야기의 괴기성 혹은 환상성은 살아있는 자가 살아 움직이는 현실공간의 상황과 이계의 존재인 요괴가 출현하는 장소와 그 상태에 의해 결정되고 달라져 간다고 볼 수 있다. 이러한 현상은 비단 일본뿐만 아니라 동서양에서도 인간이 머물고 있는 공간에서 현실공간과 이계가 설정되어 그 사이에 다양한 경계"로 구분되어 있다는 것을 명확히 하고 있었다.

따라서 이렇게 구분지어진 경계 속에서는 온갖 형태의 장소에서 갖가지 요괴의 등장방식 및 인간과의 접촉과 교류의 양태가 만들어지기 나름이다.

한편 또 다른 글[15]을 통하여 "요괴가 출현하는 장소는 대부분 정해져 있어서, 일반적으로 요괴는 그러한 곳에 출현하여 특정한 대상을 선별하지 않고, 불특정의 수많은 인간들을 대상으로 하여 자신의 목적을 요구하고 교섭하려고 한다. 주된 요괴의 출현 장소로 산속, 문, 길의 가두(辻), 다리, 고개, 해안가 등을 들 수 있는데, 고마쓰 가즈히코(小松和彦)에 의하면 이 중에서도 산이나 바다 혹은 강은 이러한 이계인식의 여러 위상 가운데서도 가장 고차원의 위상을 차지하고 있으며, 산이나 바다나 강은 관념상의 이공간과 인간이 사는 현실세계와의 경계에 닿아 있으며, 물리적으로도 사람들과 멀리 떨어져 있기 때문에, 수많은 '요괴'나 '마'가 숨어살며 활동하는 공간이 될 수 있었다"고 서술하였다.[16] 또한 "이러한 장소가 가지는 영적인 힘이 민간전승으로 남게 되어, 현대의 도시괴담 속에서도 여전히 회자되는 요괴의 주요 출현장소로서 우리에게 끊임없이 다가오고 있는 것이다"라고 언급하며 고마쓰의 의견에 일정부분 동의하면서 요괴의 출현장소에 대한 인식을 분명히 하고 있었다. 그렇지만 이 글에서는 이전의 논을 보다 확장하여 출현장소의 의미부여에만 한정을 두지 않고, 요괴들의 등장방식에 대한 이해까지 그 깊이를 더하고자 한다.

고대부터 전승되어 온 요괴의 등장방식은 개별적인 형태를 띠고 있었다고 할 수 있을 것이다. 즉 지금까지 요괴들이 등장하는 형식은 정해져 있었다고 할 수 있는데 다음과 같이 구분해 볼 수 있을 것이다.

첫 번째로 일부의 요괴들은 경계 안에서 표류하는 존재로 이계의 공간에서 특정한 대상을 고르거나 목적으로 삼지 않고, 불특정한 인간들을 대상으로 개별적으로 등장하여 그들의 목적을 관철시키고자 하는 존재이다. 자신의 목적을 이루기 위하여 경계를 넘어서는 원령(怨靈)과는 다른 형태로 이공간의 경계 내에서 인간들에게 위해를 가하거나, 때로는 재물과 복을 가져다주는 역할을 수행하고자 하였다.

두 번째로 일부의 요괴들은 경계를 넘어서는 존재로 이계라는 공간에서 인간들의 현실공간으로 넘어와 자신의 목적을 달성하기 위하여 적극적, 개별적으로 등장하기도 한다는 것이다. 주로 요괴의 마성적인 성격을 드러내는 형태로 인간에게 재해를 가져다주는 것이 본래의 목적인 경우가 대부분이라 할 수 있다.

하지만 중세시대에 이르러 요괴들의 개별적인 등장방식이 집단적인 형태의 등장방식으로 변하기 시작했다. 이러한 방식은 '백귀야행'이라는 중세시대부터 나타나기 시작한 집단적인 요괴의 행렬과 움직임 속에서 찾아 볼 수 있는데, 이러한 '백귀야행'의 상징적인 등장방식의 의미에 대해서는 다음 부분에서 살펴보자.

설화와 모노가타리(物語), 에마키(絵巻) 속의 '백귀야행'

앞서도 간략히 언급하였지만 '백귀야행'은 심야에 다양한 요괴가 열을 지어서 마을에 집단으로 나타나 배회하거나 행진하는 행위인데, 여기에는 다양한 의미가 내포되어 있다. 『일본전기전설대사전(日本傳奇傳 大事典)』[17]에 따르면 '백귀야행'에 대한 흥미로운 기술을 살펴볼 수 있는데 "음양도(陰陽道)에서는 정월, 2월 첫 자일(子日), 3·4월의 오일(午日), 5·6월의 사일(巳日), 7·8월의 술일(戌日), 9·10월의 미일(未日), 11·12월의 진일(辰日)을 들면서, 이 날들을 '백귀야행'의 날로 정하며, 이 날은 바깥출입을 삼가야 한다고 전하고 있다. 그 이유는 '백귀야행'을 만나게 되면 모두 죽음에 이르기 때문"이라고 한다. 도대체 어떠한 복잡한 연유로 인하여 이러한 의미가 유포되었는지, 그리고 어떠한 방식으로 이러한 재난을 피할 수 있었는지 당시 '백귀야행'의 형상을 기술하고 있는 몇몇 문헌들을 통하여 살펴보자.

먼저 『우지슈이모노가타리(宇治拾遺物語)』를 살펴보면, 모든 사람들이 존승다라니(尊勝陀羅尼)라는 존승불정(尊勝佛頂)의 공

덕을 풀이하는 다라니라는 87구로 된 효험이 있는 이 주문을 외워서 '백귀야행'을 만났으면서도 요괴무리에게서 벗어나 난을 모면하여 몸과 마음이 안락해졌다는 이야기를 기술하고 있다. 그리고 『곤자쿠모노가타리슈(今昔物語集)』 속의 권14 제42 「존승다라니의 영험에 의하여 귀신의 난을 모면한 일(尊勝陀羅尼の驗力によりて鬼の難を遁るる事)」의 이야기를 살펴보면 후지와라(藤原)의 장남이 걸어가는 도중에 '백귀야행'을 만났지만 유모에게 받은 존승다라니를 새겨넣은 옷을 입은 덕택으로 요괴의 난을 피할 수 있었다는 이야기를 확인할 수 있다.

또한 근세시대 우에다 아키나리(上田秋成) 『우게쓰모노가타리(雨月物語)』의 한 편인 「붓포소(佛法僧)」에서도 '백귀야행'의 형상을 살펴볼 수가 있다. 이 이야기는 도요토미 히데쓰구(豊臣秀次)가 분로쿠 4년(文祿, 1595) 7월에 모반을 일으켜서 관백(關白)의 자리에서 물러난 후, 수하의 부하들과 함께 고야산(高野山)으로 쫓겨나 결국 할복하게 된 히데쓰구의 비참한 최후라는 역사적 사실을 배경으로 삼고 있다.

간단히 이야기하자면 본 작품의 등장인물은 무젠(夢然)부자와 히데쓰구 일행인데, 이계에서 나타난 '백귀야행'과 같은 히데쓰구의 무리로부터 간신히 살아 돌아온 이들 부자의 이야기라는 것이다. 여기서 오명을 뒤집어쓰고 할복한 히데쓰구는 무서운 심야의 주연으로 그려져 있다. 이한창[18]에 의

하면 히데쓰구 무리의 등장방식에 대한 다음과 같은 분석이
있는데,

> "본문에 나오는 불법승은 밤에만 우는 새로, 태평스런 낮의 세계
> 와 수라들의 밤의 세계를 대비, 교차시키는 상징적인 존재인데
> 무젠의 '새소리에도 진언비빌 성산의 율법 깊어라'라는 홋쿠(発
> 句)를 계기로 히데쓰구를 비롯한 여러 원령들이 등장한다. 그리
> 하여 무젠 부자는 깊은 밤 고야산 중에서 히데쓰구 일행의 원령
> 들이 펼치는 초현실 세계를 경험하게 된다. 그리고 이들 원령들
> 은 야마다 산주로의 '겨자씨를 밝힌 호마단에 아침은 밝아오누
> 나'라는 구와 함께 사라졌다"

라고 기술하며 '백귀야행'의 무리로부터 벗어나게 되는 연
유를 설명하고 있다. 앞서 기술한 작품들 속에서 '백귀야
행'을 조우하게 되었을 때 모면하는 방식(경전을 외운다던가, 와
카(和歌)를 읊는다던가)은 약간의 차이만 있을 뿐이지 근본적인
부분에 있어서 다르지 않음을 알 수 있다.

  마지막으로 근세시대에서 '백귀야행'을 시각적인 형태로
명확하게 살펴볼 수 있는 중요한 자료가 있는데, 그것이 바
로 『백귀야행에마키(百鬼夜行絵巻)』[19)]이다. 『백귀야행에마키』
라는 것은 요괴들의 행렬인 '백귀야행'을 그려낸 여러 종류
의 에마키들의 총칭으로 불린다. 무로마치(室町)시대부터 메

이지(明治)시대까지 수많은 '백귀야행'의 모습을 형상화한 에마키가 제작되었다고 전해진다. 『백귀야행에마키』의 행렬에 등장하는 다양한 요괴들을 살펴보면, 동물을 비롯하여 우리주변에서 흔히 찾아 볼 수 있는 생활 도구인 우산, 냄비, 부산 등과 더불어 오랜 세월을 이겨내고 요괴가 되었다는 쓰쿠모가미(付喪神)의 모습도 찾아 볼 수 있다.[20]

그러나 여기서 중요한 포인트는 『백귀야행에마키』는 헤이안 시대의 '백귀야행' 본래의 모습과 의미를 담아내고 있지는 않다는 점이다. 단지 '백귀야행'이라는 형태의 이름만을 빌려 왔을뿐 요괴들의 다양성을 담아내어 표현하려고 했다. 에마키에 이렇게 다양한 요괴들을 담아낸 이유는 요괴들을 시각화시켜 그것을 지켜보는 인간들의 눈을 즐겁게 하기 위한 하나의 장치였다.[21]

〈백귀야행에마키(百鬼夜行絵巻)〉

이처럼 근세시대 이르러서 일본 요괴의 등장방식과 존재자체의 대한 인식이 상당부분 바뀌기 시작했다. 앞서 언급한 어두운 밤에 수많은 요괴들이 무리지어 행렬을 이루는 『백귀야행에마키』류의 두루마리 그림들이 무로마치시대에 등장한 이후 이러한 경향들이 급속하게 전국적으로 확산되어 갔다. 마침내 근세시대의 도래와 더불어서 요괴문화의 최전성기를 맞이하기에 이른 것이다. 이른바 요괴문화 황금기의 개막이라 할 수 있다.

이 시기에 요괴문화 전성기를 맞이하게 된 근원적인 두 가지 요소를 찾을 수 있다. 첫 번째는 당시 일본인들 스스로가 요괴들을 창작하여 그 수를 비약적으로 증대시켰고, 또한 출판, 인쇄술의 발달에 의한 대량출판이 요괴화집의 대중소비를 촉진시키는 계기를 마련했다는 점이다. 두 번째는 부를 손에 넣은 근세의 조닌(町人) 계층에 의한 문화의 소비와 향유가 요괴에 대한 시각과 인식 자체를 변모시키는 커다란 계기가 된 점이다.

요괴는 더 이상 두려움과 공포를 유발하는 존재만이 아닌 희화와 웃음을 동반한 즐길 수 있는 유희의 대상으로 여겨지게 된 것이다. 이와 더불어 어두운 밤에 사람들이 모여 초에 불을 붙이고 괴담 이야기가 끝낼 때마다 하나씩 불을 꺼나가는 형식을 취하는 '햐쿠모노가타리(百物語)' 등의 유행은 이러한 움직임에 촉매제 역할을 하게 된다. 그리고 당시에 출간된 다양한 요괴화집 중에서 도리야마 세키엔(鳥山石燕)의 『화도백귀야행(画図百鬼夜行)』이 유명한데, 이것이 '백귀야행'의 정점을 보여주고 있는 하나의 단면이라 할 수 있다.

이외에도 서민의 놀이 도구에도 요괴가 등장하기 시작하였는데 요괴 그림이 들어간 주사위나 요괴 화투 등 요괴를 이용한 요괴 완구가 팔리고 있었다. 즉 근세시대 이전의 요괴가 단지 퇴치해야만 하는 두려움의 대상이었다면, 근세시대 서민문화 속에서의 요괴는 두려운 존재의 이면 속에 감춰졌던 오락적 요소들이 강화되어 요괴는 즐기는 대상이라는 인식적 경향이 나타나기 시작했다.

이러한 시대적 인식과 분위기에 의하여 '백귀야행'이 가져다주는 이미지 또한 변할 수밖에 없었다. 집단적 요괴들의 등장형태였던 '백귀야행'은 개별적 요괴들이 경계를 넘어 인간에게 안겨 주었던 공포감의 몇 배의 효과를 인간들에게 각인시켜 온 것이다. 하지만 근세시대는 이마저도 유머러스한 유희와 흥미의 대상으로 만들어 버리고 말았다. 실로 엄청난 변화라 하지 않을 수 없다.

현대 일본문화 속의 '백귀야행' 이미지

　메이지시대에 접어들면서 서양의 이성적이고 합리적인 성정에 기초한 인식들이 점차 확산되기 시작하였다. 이들의 영향은 지금까지 비이성적인 산물의 하나였던 요괴들의 존재 자체에 대한 부정과 배척이라는 새로운 인식의 틀을 설정하게 함으로써, 사람들로 하여금 더 이상 비일상적이고 비이성적인 존재들에 대한 흥미와 관심에서 멀어지게 만드는 단초를 만들게 된다. 학문적인 영역에서는 공교롭게도 이노우에 엔료(井上円了)[22]에 의한 '요괴학'이 학문 영역에 등장하기도 했던 시기였지만, 이것은 어디까지나 요괴에 대한 추종이 아닌, 요괴에 대한 철저한 과학적 사고에 의한 접근을 통한 인식세계에서의 제외를 바라던 근대 이성주의자의 요괴연구에 지나지 않았음을 오래지 않아 알게 된다.

　하지만 현대에 들어서자 미즈키 시게루(水木しげる)의 〈게게게의 기타로(ゲゲゲの鬼太郎)〉를 시작으로 하여 주기적으로 '요괴 붐'이 생성되기 시작했다. 그 뒤를 이은 세대로 미야자키 하야오(宮崎駿)가 등장하는데 그의 작품인 〈이웃집 도토로(となりのトトロ)〉, 〈원령공주(もののけ姫)〉, 〈센과 치히로의 행방불명(千と千尋の神隠し)〉 등의 애니메이션은 현대 일본에서 '요괴문화 붐'과 조성에 막대한 영향과 결과물을 만들어 놓았다. 그렇다면 '백귀야행'은 어떠한 형태와 이미지로 현대 일본 요괴문화 속에서 나타나고 있는지 살펴보자.

먼저 첫 번째로 일본의 애니메이션 〈폼포코 너구리 대작전(平成狸合戦ぽんぽこ)〉[23]에 나타나는 '백귀야행'의 현대적 이미지를 살펴볼 수 있다.

신도시 개발 속에서 너구리는 자신들의 서식지가 침해 당하는 과정을 겪게 된다. 다양한 방법을 동원하여 인간들에 맞서 싸우지만, 결국 그들의 시도는 모두 실패로 끝맺게 되고, 너구리들은 각자 자신들만의 방식으로 삶을 살아가기로 결정하게 된다. 이러한 스토리 구조를 가지고 있는 본 작품에서 인간들에 저항하는 방식의 일환으로 사용하는 '백귀야행'의 행렬을 이용해 인간들의 터전인 현실세계의 공간, 도시에서 위력과시를 하는 모습을 살펴볼 수 있다. 헤이안시대의 일본인이었다면 두려워하며 모두 놀라 숨기에 급급했거나 또는 요괴들이 물러나도록 경문을 암송했을지 모를 그러한 장면에서 현대 일본인들은 요괴의 모습을 지켜보면서 두려움에 떨거나 공포에 몸을 움츠리지 않는다. 더 이상 현대 일본인들에게 '백귀야행'은 극복해야 할 대상이 아니었다. 현대 일본인들에게 '백귀야행'은 즐기며 바라보는 오락과 유흥의 대상 그 이상도 그 이하도 아니었다. 여기서 오랫동안 자리매김해왔던 전통적 이미지의 '백귀야행'은 사라지고 새로운 이미지, 즉 현대적 변용이 된 '백귀야행'이 등장하게 된다. 너구리들의 최후의 수단이자 인간에 대한 마지막 반격이었던 '백귀야행'의 실패는 결국 너구리, 즉 현대 요괴들의 마지막 행로를 암시해주는 복선과 같은 역할을 하고 있음을 알 수 있다. 자연의 소중함을 일깨우고 그와 더불어 사는 존재들에 대한 관심과 보호를 주제로 하는 〈폼포코 너구리 대작전〉에서 '백귀야행'이 이러한 목적과 의도 속에서 설정된 하나의 장치였는지는 모르겠으나, 분명한 것은 더불어 살아가는 자연 속의 존재 중에는 바로 비일상적인 존재인 요괴까지도 포함한 의미를 지니고 있다는 점이다. 이러한 시각 속에서 〈폼포코 너구리 대작전〉의 너구리, 요괴들을 바라보는 것도 흥미로운 일이라 여겨진다.

두 번째로 너무나도 유명한 애니메이션 〈센과 치히로의 행방불명〉 속에 나타나는 요괴들의 행렬 '백귀야행'의 이미지를 살펴보자.

우연히 이계의 세계로 들어서게 된 치히로는 온천장의 종업원 일을 하며 밤이 되면 목욕을 하러 몰려드는 다양한 요괴들을 접하게 된다. 그들과의 관계 속에서 이계라는 경계에서의 탈출과 부모님을 구하고자는 다양한 행위가 펼쳐지게 된다. 이 애니메이션에 관한 주요 논점을 한 가지로 한정할 수는 없지만 이 글에서는 '백귀야행'의 이미지에 초점을 맞추어 보고자 한다. 이 온천장이라는 이계의 공간 속에서 온갖 요괴들이 목욕을 하기 위해 일련의 행렬로 움직이는 장면이 등장한다. 마치 '백귀야행'의 모습을 연상시키는 요괴들의 집단적인 움직이라 할 수 있다. 이 장면에서 '백귀야행'의 의미는 인간들에게 공포와 두려움을 보여주기 위한 행렬도 아니었고, 그들 요괴만의 목적을 관철시키기 위한 의도된 행위도 아님을 쉽게 알 수 있다. 그렇다면 과연 본 작품의 감독인 미야자키 하야오는 어떠한 계산된 연출 속에서 이러한 이미지를 삽입시키려 한 것일까? 이것에 대하여 서술하고 있는 김윤아의 의견[24]을 살펴보면

> "미야자키 하야오가 만들어낸 백귀야행의 장면은 공포와는 무관하게 완벽한 마쓰리의 흥겨움을 시각화한다. 여기에는 요괴 이미지의 장악을 통해 지배력을 행사하려는 벽사의 의도나 요괴들의 원한과 동일시하며 슬픔을 공유하는 것을 통한 죽음과의 화해보다는 요괴로 시각화되는 죽음의 공포를 완전히 탈각한 시각적 즐거움만이 남아 있다. 백귀야행은 전시되고 소비되는 대상으로 존재할 뿐이다"

라고 언급하며 공포와는 전혀 관계없는 '시각화된 즐거움과 소비'의 시선으로 '백귀야행'의 행렬을 해석하고 있다.

김윤아의 의견에 기본적으로 동의하고 있지만, 미야자키 하야오 감독의 여러 편에 걸쳐 제작된 작품들의 연출의도를 유추해 보았을 때 '시각화된 즐거움과 소비'적 시선만이 아닌, 일본 고유의 '백귀야행'의 이미지는 현대적 변용을 통하여 바뀌었다. 그러나 다시 한 번 고유의 의미를 반추해 보고자 하는 감독의 의도가 녹아들어가 있는 것은 아닐까 생각한다. 어찌됐건 〈센과 치히로〉에서도 '백귀야행'은 본래의 전통적인 이미지와는 다른 형태로 해석되고 사용되고 있음이 분명하다는 것이다.

마지막으로 살펴보고자 하는 작품은 만화 〈백귀야행(百鬼夜行抄)〉이다. 본 작품에 이르러서 '백귀야행'은 완전히 본래 '요괴들의 행렬'이라는 기본적인 이미지조차 사라지게 된다. 단지 다양한 요괴들을 각각의 에피소드에 등장시키기 위해 차용되고 있을 뿐이다. 하지만 이 또한 현대적 의미에서의 '백귀야행'의 변용된 해석과 사용이라는 측면에서 그 의미가 있다고 할 수 있다.

이와 같이 현대적 의미로 변용된 '백귀야행'의 이미지를 애니메이션과 만화를 통해 살펴보았는데, 결국 중요한 포인트는 '백귀야행' 자체가 가지고 있었던 전통적인 이미지 자체는 소멸되었을지 모르지만, 오랜 세월이 지난 현대에도 '백귀야행'의 이미지는 어떠한 형태로든 소비되고 사용되며 여전히 그 존재감을 드러내고 있다는 점이다.

문화콘텐츠로서 요괴의
올바른 활용

　요괴에 관심을 두고 연구를 할수록 그 속에 담겨 있는 문화적 원형과 함의를 찾아나가는 것이 그리 쉽지만은 않은 지난한 작업임을 새삼 체험하게 된다. 현대적 측면에서 요괴란 그 자체로서도 충분히 의미가 있다. 하지만 그것을 관통하는 통시적인 측면에서의 시각과 인식이 선행되지 않는다면, 요괴 연구 그 자체는 지금도 앞으로도 양적인 면에서의 팽창에 머무를 뿐, 내적 발전을 동반하지 못한 미숙한 성장에 멈춰서고 말 것이다.

　오랜 기간 지속적인 '요괴 붐' 속에서 우리가 잠시 놓치고 있는 것은 없는지, 아니면 지나치게 문화산업적인 측면에서 성장이라는 도취감에 빠져 콘텐츠의 질적인 성숙이 없는 저급 캐릭터의 양산에 치중하고 있는 것은 아닌지 한번 되돌아볼 시기라 여겨진다.

　따라서 이 글에서는 '백귀야행'이라는 요괴들의 일련의 행렬을 통시적인 관점에서 살펴보고 정리하면서, 요괴들의 이미지의 변화양상을 도출해내고자 했다. 이를 통하여 '백귀야행'의 기존의 이미지와 의미를 개별적 요괴와 집단적 요괴의 측면에서 재해석 해보고, '백귀야행'만의 상징적인 의미를 이끌어내고자 했다. 집단적 요괴의 역할과 그 기능이 또한 어떠한 형태로 시대와 더불어서 변용되어 가는지도 함께 분석하고자 했다. 중세로부터 이어져 온 두려움과 공포의 대상인 '백귀야행'을 오래된 문헌들을 통하여 확인하였고, 현대에 이르러 시각화된 즐거움과 유희의 대상으로서의 '백귀야행'도 살펴볼 수 있었다.

결론적으로 이러한 분석을 통해 요괴 이미지는 변용되고, 새로운 형태로 변모할 수밖에 없다는 판단에 이르게 되었다. 시대와 더불어 변한다는 것은 요괴 이미지의 퇴색을 의미하는 것은 아니었다. 본래의 요괴에게 새 시대에 걸 맞는 새로운 생명력을 주입하는 자연스러운 과정이라 볼 수 있다. 다만 이러한 과정 속에서 한 가지 간과해서는 안 될 것이 있다. 요괴가 변한 것이 아니라 그것을 향유하고 소비하는 현재 우리 자신이 변했다는 점이다. 앞으로도 요괴의 다양한 형태로의 향유와 소비 가능성은 무한히 열려 있다. 그러한 가능성의 성패는 요괴에 대한 우리들의 올바른 시각과 가치 활용 여부에 따라서 판가름 날 것이다. 요괴를 연구하고 이용하는 자들의 보다 성숙된 자세가 어느 때보다 요구되는 시기라 할 수 있다.

1) 김영순 외 6명, 『문화산업과 문화콘텐츠』, 북코리아. p.32, 2010.
2) 문화콘텐츠는 항상 시대가 원하는 것, 대중이 원하는 것에 대해서 관심을 가져야 한다. 동시대의 사람들이 원하는 감수성을 정확히 파악하고 그것을 대중들에 제공해야 하며, 그 과정에서 그 콘텐츠는 자연스럽게 시대상을 깊이 있게 표현해내는 텍스트가 되는 것이다. 김현철, 「일본문화콘텐츠의 현재성과 대중성에 관한 연구」, 『한국학연구』제37집. p.29, 2011.
3) 일본의 요괴 붐이 가져온 산업적 파급효과는 실로 막대하다. 게임, 애니메이션, 만화, 판타지 영화, 관광, 그리고 키홀더나 머그컵 등의 소품에서 정종, 전병에 이르기까지, 수백 종의 요괴 캐릭터가 들어간 상품이 등장하고, 요괴 스티커나 피겨가 동봉된 과자가 날개 돋친 듯이 팔려 나가고 있다고 한다. 중앙대학교 한일문화연구원 편, 『일본의 요괴문화』, 한누리미디어, p.304, 2005.
4) 일본의 요괴 붐이 가져온 산업적 파급효과는 실로 '백귀야행'이란 기본적으로 수많은 형태와 형상으로 등장하는 요괴들의 행렬을 의미한다. 본고와 관련한 '백귀야행'에 대한 구체적인 설명과 논의는 후술하기로 한다.
5) 물론 현재에도 일본 콘텐츠의 힘은 여전히 세계적으로 막강한 영향력을 가지고 있다. 한국, 중국, 동남아시아, 미국, 유럽에서도 일본 콘텐츠의 영향력은 여전하기 때문이다. 그러나 막강한 영향력을 누렸던 일본의 문화콘텐츠가 그 힘을 서서히 잃어가고 있다는 것도 부정할 수 없는 사실이다. 김현철, 「일본문화콘텐츠의 현재성과 대중성에 관한 연구」, 『한국학연구』제37집. p.7, 2011.
6) 쿨 저팬(일본어: クールジャパン, 영어: Cool Japan)은 2002년에 만들어진 용어로 문화 선진국으로서의 일본의 위치에 대한 표현이다. 미디어와 다양한 학술 분야에서 폭 넓게 사용되는 쿨 저팬은 여러 정부 기관에서 정식으로 채택되었다. 쿨 저팬 전략은 2010년부터 일본 정부가 일본의 세계적인 '소프트파워' 확대 및 수출에서 차지하는 비중이 5%에도 미치지 못하는 현실을 개선하기 위해 시작한 전략임.
7) 정창권, 『문화콘텐츠 스토리텔링』, 북코리아. p.19, 2008
8) KOTRA 홈페이지 http://www.globalwindow.org 2016년 일본콘텐츠산업동향 제5호 이슈에서 자료를 인용.
9) 중앙대학교 한일문화연구원 편, 앞의 책, p.304~305, 2005.
10) 요괴워치(妖怪ウォッチ)는 일본에서 2013年 7月 11日에 발매된 닌텐도 3DS전용 게임소프트를 기반으로 시계와 만화를 비롯하여 애니메이션과 영화 등 다양한 형태로 파생된 문화콘텐츠의 하나이다. 원 소스 멀티 유즈(One Source Multi Use)라는 미디어 믹스의 완벽한 마케팅 전략의 적절한 실례로서 이를 보면 요괴란 실로 우리 실생활 속에 다양한 형태로 위치하고 공존하고 있음을 알 수 있게 된다.
11) KOTRA 홈페이지 http://www.globalwindow.org에서 요괴워치의 최신동향을 참조하여 인용.
12) 중앙대학교 한일문화연구원편, 앞의 책, p.38.
13) 아베노 세이메이(安倍晴明)는 일본 헤이안 시대의 조정 관리 겸 음양사이다. 헤이안쿄(平安京)의 귀족들은 음양도의 영향으로 갖가지 재앙을 요괴나 원령의 저주라고 생각하여, 전염병의 신, 사악한 신이 침입하는 귀문을 꺼리고, 흉한 방향을 피하고자 했으며,

원령을 물리치기 위해 열심히 기도를 했다. 때마침 등장한 아베노 세이메이는 일찍이 천문학과 점성술을 습득하여 주술을 통한 요괴퇴치를 이룩하여 황실의 신임까지 얻게 되어 음양사 지위는 후대에까지 이르게 되었다고 전해진다.

14) 현실공간의 인간과 이계(異界)의 요괴와의 관계는 박희영,「현실공간과 이공간(異空間)의 인식과 그 의미에 관하여『우게쓰 모노가타리(雨月物語)』를 중심으로-」,『일어일문학』제46집, pp.241~242, 2010.에 자세히 서술되어 있다.

15) 박희영,「일본 요괴문화 원형 속의 여성 요괴 이미지와 상상의 계보-여성요괴 우부메(産女)를 중심으로」『일어일문학』제60집, pp.205~206, 2013.

16) 교대와도 결부되어 있다는 점을 강조하며, 낮에는 밝기 때문에 모습을 보여주지 않았던 요괴가 밤이 되면 비일상적인 이계, 요괴공간으로 바뀌는 셈이다. 요컨대 민속사회의 요괴나 마는 현세와 이계의 중개지점에 출몰하거나, 서식하고 있다. 그리고 인간사회의 내부에서 생긴 인간이 변신한 요괴도 이러한 영역으로 떠나거나 추방당함으로써 요괴나 마로서 존속하게 된다. 천상계나 지하계, 지옥과 같은 이계에서 태어난 요괴나 마가 출현하는 곳도 이러한 장소"라고 지적하며 요괴 출현장소로서의 요괴공간의 의미와 특징을 규정하고 있다. 고마쓰 가즈히코,『일본의 요괴학 연구』, 민속원, pp.272~273, 2009.

17) 鳥越文蔵 外編,『일본전기전설대사전(日本傳奇傳說大事典)』, 角川書店, pp.745~746, 1986.

18) 이한창,『우게쓰이야기(雨月物語)』, 문학과지성사, p.111, 2008.

19) 대표적인 작품으로 교토(京都) 다이도쿠지(大德寺) 안의 신주안(真珠庵)에 소장되어 있는『백귀야행에마키』가 전해진다. 武光誠,『怪談と日本人』, リイド社, 2008.

20) 이봉녀,「일본 만화와 애니메이션의 원류인『백귀야행에마키(百鬼夜行繪卷)』에 관한 연구」,『한국엔터테인먼트산업학회논문지』제6권 3호, p.123 p.75, 2011.

21) 兵庫県立歴史博物館 京都国際マンガミュウ-ジアム,『図説 妖怪画の系譜』河出書房新社, p.7 p.75, 2010.

22) 이노우에 엔료는 "요괴는 일반적인 사고로는 해석할 수 없는 불가사의한 현상으로 인간의 공상의 산물로서 생각하여, 어디까지나 근대의 과학을 중시하는 사회에서는 박멸해야 할 대상"으로 여기고 있었다.

23) 1994년 스튜디오 지브리에서 제작한 극장용 애니메이션으로, 감독은 다카하타 이사오(高畑勲)이다. 도시화와 더불어 진행되는 개발은 자연을 침해하게 되고, 그 속에서 살아가던 너구리들이 자신들의 서식처가 침해당하는 과정에서 다양한 둔갑술을 사용하며 인간들의 자연파괴에 대항해 나가는 모습을 그려내고 있다.

24) 김윤아,「요괴들의 퍼레이드, 죽음의 행진」,『작가세계』제79호, pp.327~328, 2008.

Epillogue

- 박희영 -

 앞서 각 장에서 살펴봤듯 현재 요괴는 무시할 수 없는 중요한 문화콘텐츠라는 점에 이견은 없을 것이라 여겨진다. 문화콘텐츠로서 요괴의 가치는 앞으로 더욱 증대될 것이며 그와 더불어 부수적인 문화산업적 경제효과도 높아질 것이다. 그리고 다양한 요괴문화콘텐츠의 확장과 생산, 소비는 지속적으로 이루어져 요괴에 대한 사람들의 관심과 흥미 또한 더욱 높아질 것이다.
 하지만 이렇게 요괴가 각광받는 지금의 시대일수록 다시 본질적인 부분에 대한 생각으로 돌아가야 한다. 즉 본질적이고 핵심이 되는 정확한 실태파악이 선행되지 않은 채, 요괴 이미지에 화려한 덧칠을 하여 오로지 당장 눈앞의 이득에만 집착하는 것은 아닐까.
 다시 말하지만 21세기 문화의 시대에 요괴는 분명히 매력적이고 효과적인 문화콘텐츠 상품임에는 틀림없다. 다만 지나치게 문화콘텐츠 상품으로만 초점을 맞추게 되어 경제적 이득과 그것에 수반되는 부가가치에만 집중해 앞으로 펼쳐질 무궁무진한 가능성을 스스로 소멸시키고 있는 것은 아닌지 고민이 되는 지점이기도 하다. 요괴라는 전통적 문화원형에 대한 제대로 된 인식적 토대가 없는 무분별한 사용, 이들에 대한 과장된 이미지의 포장, 작위적이고 왜곡된 이미지의 범람과 무분별한 소비는 조금씩 한계에 도달하고 있다. 자칫 지금까지 축적되어 왔던 긍정적인 분위기의 요괴문화에 대한 이미지의 급격한 쇄락을 초래할 가능성과 그 근간을 한꺼번에 무너뜨릴 수 있는 가능성 또한 내포하고 있음을 주의 깊게 직시해야 할 시점이다. 이러한 차원에서 이 책은 기획되고 구성된 것이다.

이와 더불어 또 한 가지 문제는 일본 내에서 직면할 수 있는 요괴와 관련한 한계와 문제점들이 무릇 일본 자체만의 것으로 그치지 않는다는 점이다. 앞서 〈포켓몬GO〉와 〈요괴워치〉의 전 세계적인 전파와 확산을 통해서 알아봤듯이 이러한 영향은 국내에 직접적으로 연결된다는 점에서 간과하고 넘어갈 수만은 없다. 여기서 잠시 국내로 시선을 돌려보자.

오직 엄청난 인기를 모으고 있다는 이유로 일본의 요괴문화콘텐츠 상품들의 국내 무차별적인 수입과 확산에 대하여 경종을 울릴 필요성이 제기된다.

첫째로 어린 아이들로 하여금 일본문화에 대한 그릇된 환상을 심어줄 수 있다는 것이다. 아이들이 요괴가 무엇이고 어디서 유래되었는지도 모른 채 동심을 훔치는 자극적인 내용에만 사로잡혀 점점 일본문화에 동화되어 정체성의 상실을 불러 올지도 모른다는 사실이다. 둘째로 이미 입증된 경쟁력 있는 일본문화콘텐츠로 인해 국내 문화콘텐츠

시장의 환경이 고사될 수 있다는 점이다. 문화콘텐츠 상품 시장에서 열세에 놓여 있는 국내 문화콘텐츠들이 시장을 잠식당하여 아무런 대비도 갖추지 못한 채 붕괴될 가능성이 우려된다. 마지막으로 일본의 문화콘텐츠를 통한 문화적 종속 가능성에 대한 우려이다. 이는 실로 심각한 문제이다. '한류'라는 문화적 성공에 지나치게 도취되어 우리들의 문화적 자산과 토대를 견고히 하지 못한 채, 중심이 되는 문화원형의 발굴과 창작을 소홀히 할 가능성이 있다. 한 국가의 문화는 전통적, 문화적 원형에 대한 제대로 된 이해와 인식을 통해 끊임없는 보존과 재창조가 이루어져야 지속될 수 있다.

한일 양국을 포함하여 결국 문화콘텐츠에 대한 제대로 된 이해와 인식의 문제이다. 그리고 그로 인해 파생되는 상품에 대한 올바른 소비의 문제로 귀결되는 것이다. 이 책에서는 다양한 화제를 낳고 있는 요괴에 주목하여 그 속에 숨겨져 있는 일본 요괴의 의미와 향후 요괴의 문화콘텐츠로서의 전망 등을 중심으로 살펴보았다. 하지만 이러한 문제점의 직시와 대안에 대한 모색은 국가와 문화콘텐츠의 종류를 불문하고 공통되는 해당사항이라 할 수 있다.

앞으로도 요괴뿐만 아니라 다양한 문화콘텐츠들에 대한 올바른 직시와 이해를 통하여 그 본질을 파악하고 수반되는 문제점과 대안에 대하여 모색해 나갈 것이다.

진짜 일본은 요괴문화 속에 있다

초판인쇄 2018년 12월 26일
초판발행 2018년 12월 31일
저　　자 류정훈, 김성은, 김미옥, 김학순, 박희영
발 행 인 권호순
발 행 처 시간의물레
등　　록 2004년 6월 5일
등록번호 제1-3148호
주　　소 서울시 마포구 마포대로 4다길 3(1층)
전　　화 02-3273-3867
팩　　스 02-3273-3868
전자우편 timeofr@naver.com
블 로 그 http://blog.naver.com/mulretime
홈페이지 http://www.mulretime.com
정　　가 12,000원

ISBN : 978-89-6511-270-9 (94910)

* 이 책의 저작권은 저자에게 출판권은 시간의물레에 있습니다.
* 잘못된 책은 바꿔드립니다.

국립중앙도서관 출판예정도서목록(CIP)

진짜 일본은 요괴문화 속에 있다 / 저자: 류정훈, 김성은,
김미옥, 김학순, 박희영. -- 서울 : 시간의물레, 2018
　　p. ;　cm. -- (더 파울린 프로젝트 ; 1)

ISBN 978-89-6511-270-9 94910 : ₩12000
ISBN 978-89-6511-268-6 (세트) 94910

민간 신앙[民間信仰]
요괴[妖怪]
일본(국명)[日本]

388.20913-KDC6
398.410952-DDC23　　　　　　CIP2018043170